聖書は、人生において重要な、さまざまな質問に答えてくれます。『LIFEBOOK』は、ディスカッション形式で、楽[...]聖書を学ぶためのガイドブックです。

なぜ『LIFEBOOK』を使うのか？

1. シンプルが一番です。1つのレッスンが見開き2ページにまとめられています。
2. 再生産されるため！　あなたがこの本を使って教えている人が、近い将来、他の人を教えることができます。そうすれば、神の国がどんどん広がります。
3. クリスチャンといっても、いろいろな信仰を持っている人がいます。同じテキストを使うことは、教会、グループが同じ DNA を持ち、一致して前進するための大きな助けになります。
4. あなたが急成長します！　説教を聞くことも素晴らしいですが、あなたが祈り、教える中で学び、成長します。
5. キリスト教の背景が少ない日本人のことを考慮して作られています。
6. できるだけ聖書全体の流れにそって学べるようになっています。

どのように『LIFEBOOK』を使うのか？

1. グループで使っても、一対一で使っても、どちらでも大丈夫です。
2. 相手のことを考えながら、祈り、どのレッスンをすればいいか考えてください。順番どおりにする必要はありません。
3. 予定しているレッスンをよく読みます。また聖書箇所も調べてください。挿入したら良いと思う質問、例話を考えましょう。
4. 長く、短くなりすぎないように時間管理をしましょう。レッスンの最後に次回の予定を決めましょう。レッスンの前後にお茶や食事をするのもお勧めです。
5. この本を使って教える相手を熱心に探してください。
6. 最初から上手にできる人はいません。チャレンジし続けることが大切です。
7. このテキストを教えることが目的ではなく、人々の生き方が変わることが目的です。

の使い方

目次

Contents

ブックデザイン・イラスト　光後たみこ

アイスブレイクタイム！

1. 人生で空しさを感じたことはありますか？　どんな空しさですか？
2. どのように空しさを埋めようとしましたか？

 ## どう思いますか？

迷いと空しさ

　ある人が言いました。「私の心の中には、いつも迷いと空しさがあります。恋人ができたら、その空しさが埋まるかもしれない。希望の学校に入学し、一流の会社に入れば、埋まるかもしれない。幸せな家族を持てば、埋まるかもしれない。忙しくすれば、埋まるかもしれない。部屋で一人でいる時に、どうしようもない空しさを感じ、それをごまかそうとして、いろいろなことをするけれど、私の心の空しさを埋めるものは、何もありません。」

　多くの人は、生きる目的、意味、方向性が分からず、無気力で、すぐにあきらめ、あまりよく考えず、何となく働き、何となく生きています。嫌なことが続くと、死んでもいいかなと考える人もたくさんいます。

パスカルの言葉

　著名な数学者であり、物理学者であるパスカルは言いました。「人の心には、神にしか満たすことのできない空洞が空いている。[(1)]」私たちの心の空洞を満たすのは、私たちを造ってくださった方との関係だと聖書は教えています。イスラエルの歴史の中で最も繁栄した王、ソロモンから学んでいきましょう。

　　1.　この文章で大切だと思うことを見つけてください。
　　　　伝道者の書 1：1-11 を読んでください。
　　2.　一番印象的な聖書箇所はどこですか？　なぜですか？
　　3.　あなたの人生の目的は何だと思いますか？

バイブルタイム！

人生のゴール

日々の生活は、非常に忙しいです。立ち止まって人生の意味や目的を考えることは非常に少なく、ただ忙しく走り続けるという状況が多々あります。しかし、それは長距離マラソンを、行き先もゴールも分からずに走っている状態かもしれません。人生のゴールを見つけることができたら、なんと素敵でしょう。

ソロモン王の結論

人は、いま自分が持っていないものを手に入れたら空しさが満たされると考えます。ソロモン王は、人間が考えられるすべてのものを手に入れました。彼の家柄は最高で、王子として生まれました。また、遠くの国の人々が聞きにくるような知恵も持っていました。贅沢の極みを尽くした財産を持ち、妻700人と愛人300人がいました。

そんなすべてを手に入れたソロモンの結論は、「すべては空の空」でした。しかし、彼は「伝道者の書」の最後で、空しさへの答えを見つけたのです。

伝道者の書 12:13「**結局のところ、もうすべてが聞かされていることだ。神を恐れよ。神の命令を守れ。これが人間にとってすべてである。**」

「神を恐れよ」とは、奴隷が主人に罰せられるのを怖がってオドオドするようなことではありません。あなたを造り、愛してくださっている方を認識し、その方の命令に従いなさいということです。かごの中のハツカネズミのように意味もなく回し車を走る人生ではなく、私たちの生きている意味が分かったら素晴らしいですね。

1. この文章で大切だと思うことを見つけてください。
   伝道者の書 12：9-14 を読んでください。
2. 一番印象的な聖書箇所はどこですか？　なぜですか？
3. このレッスンから何を適用したいですか？　具体的に！

祈り

神様、私の心にある空しさを、どうか満たしてください。アーメン。

アイスブレイクタイム！

1. 孤独を感じた経験を話してください。

2. 孤独を感じた時、どう対処しましたか？

どう思いますか？

人が孤独を感じる原因

①変化：人生の中で変化が起こった時に、人間は孤独を強く感じます。転校、転職、留学などです。誰も知らない外国に一人で留学するのはエキサイティングですが、孤独感を感じることもあります。

②分離：大好きな家族と死によって別れたり、恋人と事情があって別れたりすることです。分離により、人は孤独を感じます。刑務所での過酷な刑罰の一つは独房です。何日も隔離され、誰とも話せません。

③敵対：友達から攻撃されたり、信頼している人から裏切られたり、いじめによりクラスが自分に敵対したりすることです。敵対により孤独を体験します。

④拒絶：告白して振られたり、恋人と別れたり、仲間はずれにされたり、就職活動で失敗したりすることです。人は、さまざまな拒絶を通して孤独を感じます。

間違った対処法

この孤独を埋めようとして、仕事、お酒、ドラッグ、恋人などに依存したり、中毒になったりすることがあります。しかし、イエス様はあなたを決して一人にはせず、あなたと共にいてくださる聖霊を送ってくださいました。

1. この文章で大切だと思うことを見つけてください。
   ヨハネ 14：15-21 を読んでください。

2. 一番印象的な聖書箇所はどこですか？　なぜですか？

3. 神様はどのようにあなたの孤独を助けてくれると思いますか？

孤独な人生

イザヤ 46：4 「あなたがたが年をとっても、わたしは同じようにする。あなたがたが白髪になっても、わたしは背負う。わたしはそうしてきたのだ。わたしは運ぶ。背負って救い出す。」

ある男性は、学校を卒業して一生懸命働き、長期ローンで小さいながらもマイホームを買うことができました。しかし、家族を犠牲にして単身赴任や残業をしていたので、60歳で定年退職した時に妻と熟年離婚しました。子どもも、お母さんとは仲良しだけれど、お父さんは他人のようです。仕事上の友人はいたけれど、退職すると会う人もいません。妻にも捨てられ、年を取れば取るほど孤独な人生で、死を待つだけです。

残念ながら、このような話はたくさんあります。

希望の光

神様は、あなたにこのような惨めな人生を歩んでほしくありません。たとえあなたが年老いて白髪になっても、神様は、あなたと共にいて、あなたを背負い運んでくださいます。

また神様は、主を愛する者が助け合う仲間として、教会というグループを作りました。教会の中では、誰が偉いとか偉くないとか、差別などはありません。みんなが神様に愛されている子どもで、卒業もありません。主の愛を受けて互いに愛し合い、助け合う仲間です。健康な教会がこの世の希望の光になれます。

1. この文章で大切だと思うことを見つけてください。
   Ⅰコリント 12：12-20 を読んでください。
2. 一番印象的な聖書箇所はどこですか？　なぜですか？
3. このレッスンから何を適用したいですか？　具体的に！

祈り

神様、あなたが私を決して離れず、見捨てないことを感謝します。そして聖霊が私とともに、また私の中にいてくださることを感謝します。アーメン。

アイスブレイクタイム！

1. 将来や人生の目標で迷ったことがありますか？
2. あなたの生きている意味は何だと思いますか？

 # どう思いますか？

人生のモード

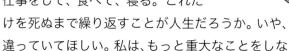

ある女子高校生が言いました。「人生って何だろう。ただ朝起きて、仕事をして、食べて、寝る。これだけを死ぬまで繰り返すことが人生だろうか。いや、違っていてほしい。私は、もっと重大なことをしなければならない。でも、それが何か分からない。」

①クラゲモードの人生：海辺のクラゲのように、人生の目的もゴールもなく、「ただ何となく」「みんながするから」流されていく。人生の目的や存在意義も分からず、クラゲのようにただ流されて漂う人生。

②成功モードの人生：人生の目的は成功すること。周りの人たちが羨むような成功を収める。高収入、高学歴、地位、理想的な家庭を持つこと。そこまでできなくても、人に迷惑をかけずに人並みに生きること。私の人生の目的は成功することだ。

③バイブルモードの人生：人生は、たまたまでも偶然でもなく、私を創造した方がいる。その方は、私にしかできない特別な人生を用意してくれている。だから私を造った神様を愛し、隣人を愛して生きる。これがバイブルモードの人生。

詩篇 139：16「あなたの目は胎児の私を見られ　あなたの書物にすべてが記されました。私のために作られた日々が　しかも　その一日もないうちに。」

1. この文章で大切だと思うことを見つけてください。
   詩篇 139：13-18 を読んでください。
2. 一番印象的な聖書箇所はどこですか？　なぜですか？
3. 上の女子高校生の言葉をどう思いますか？

答えを見つけるために

多くの人が「人生の目的は何か？」「私の夢は何か？」「どうしたら最高の人生を送れるか？」「自分は何のために存在するのか？」という疑問を持っています。この答えを見つけるために、「自分の得意分野を見つける」「具体的な目標を設定する」「大きな夢を思い描く」「自分にはできると信じる」「決してあきらめない」など、さまざまな方法を考えました。

そうした考えは悪くはなく、良いことなのですが、すべてが自分から始まっています。いくら自分を磨き、自分の中を探しても、生きる意味は見つかりません。聖書は、こう教えています。

箴言3：5-6「**心を尽くして主に拠り頼め。自分の悟りに頼るな。あなたの行く道すべてにおいて、主を知れ。主があなたの進む道をまっすぐにされる。**」

人生の目的

発明品の目的を知るために一番分かりやすいのは、その発明者に聞くことです。

人生の目的が分かると、自分のすべきこととそうでないことがはっきりと分かります。そして人生に情熱とやる気が起こります。あまりにも多くの人が、人生の目的を知らないで、何となく惰性で歩んでいます。あなたをねたむほど愛している神様は、あなたにしっかりと人生の目的と意味をつかんでほしいと願っています。神様は、若き預言者エレミヤが生まれる前から計画を立て、彼の人生に使命と目的を与えました。これはエレミヤだけではなく、あなたにも同じです。

1. この文章で大切だと思うことを見つけてください。
    エレミヤ1：4-8 を読んでください。
2. 一番印象的な聖書箇所はどこですか？　なぜですか？
3. このレッスンから何を適用したいですか？　具体的に！

祈り

神様、私が人生の目的を知って歩めるよう助けてください。アーメン。

アイスブレイクタイム！

1. あなたは否定的・肯定的、どちらのタイプですか？
2. どうしたら、より感謝して、肯定的になれると思いますか？

 ## どう思いますか？

4つのタイプ

①マイナス–マイナス

　すべてにおいて、否定的な受け止め方をします。自分のことも嫌いだし、周りのことはもっと嫌いです。いつも否定的な言葉や文句を言います。口癖は「でも」「なんで」「最悪」「無理」などです。

②プラス–マイナス

　今は幸せだけど、未来は絶対に悪くなる。今は恋人がいるけど、近い将来浮気をして、私を捨てるに違いない。だから、どこへも行かないように束縛しよう。この考えに影響され、未来もマイナスに働きます。

③マイナス–プラス

　今は辛いかもしれない、でも頑張りましょう。頑張れば何とかなる！　自分の力で頑張りすぎると、燃え尽きる可能性が高くなります。

④プラス–プラス

　今も感謝だし、未来も感謝。すべてを肯定的に受け止めます。神様が共にいてくださり、試練の時も私を助け、それを通して強めてくださます。バイブルは、ただのプラス思考を教えるだけではなく、その明確な理由も教えています。

1.　この文章で大切だと思うことを見つけてください。
　　　Ⅱコリント 12：1-10 を読んでください。
2.　一番印象的な聖書箇所はどこですか？　なぜですか？
3.　どうしたら、よりプラス–プラスになれると思いますか？

3 種類の感謝

　感謝には、3 種類の感謝があります。1 つ目の感謝は「条件付き（if）の感謝」です。もし願いがかなえられたら感謝します。2 つ目は「だから（because）の感謝」です。病気が治ったから、お金がもうかったから感謝します。3 番目は「それにもかかわらず（in spite of）の感謝」です。たとえ、自分の願いがかなわなくても、病気であっても、感謝することです。聖書は 3 番目の感謝を教えています。⁽²⁾

なぜ感謝できるのか？

　なぜ、このような感謝ができるのでしょうか？　聖書が教えているのは、偶然による進化論ではなく、あなたを造り、愛してくださる方がいるという創造論です。私たちは空の鳥よりももっと大切なものとして造られ、あなたを愛し、あなたのすべてを覚えてくださる方がいます。

　その方は、あなたに何がベストで何がベストでないか、何が必要で何が必要でないかをご存じです。ですから、「それにもかかわらず（in spite of）」でも、安心して歩むことができます。これが聖書の世界です。ぜひ味わってみてください。

マタイ 6：26「**空の鳥を見なさい。種蒔きもせず、刈り入れもせず、倉に納めることもしません。それでも、あなたがたの天の父は養っていてくださいます。あなたがたはその鳥よりも、ずっと価値があるではありませんか。**」

　　1.　この文章で大切だと思うことを見つけてください。
　　　　　マタイ 6：25-34 を読んでください。
　　2.　一番印象的な聖書箇所はどこですか？　なぜですか？
　　3.　このレッスンから何を適用したいですか？　具体的に！

祈り

　神様、どんな状況でもあなたを信じることを選び、感謝する人生を歩むことができますように。アーメン。

5

聖書とは

 アイスブレイクタイム！

1. 聖書は、なぜ世界で読まれていると思いますか？
2. 聖書について知っていることを話してください。

 どう思いますか？

聖書とは

　ドイツの詩人ゲーテは「私が獄につながれ、ただ一冊の本を持ち込むことを許されるとしたら、私は聖書を選ぶ」と言いました。聖書は世界で永遠のベストセラーとして、圧倒的に一番多く読まれている本です。

　新約聖書 27 巻と旧約聖書 39 巻の 66 巻を集めたものが、聖書です。旧約聖書の最後のマラキ書は、マラキにより紀元前 400 年頃に書かれました。

　新約聖書はキリストの弟子によって書かれ、紀元後 100 年までに書かれました。イエスの死後、異端的な教義や間違った教えが広まってきたので、4 世紀頃の教会が会議を開き、現在の聖書 66 巻に統一されました。

聖書の著者

　聖書は、約 1600 年間に約 40 人の人々によって書かれました。王様、漁師、医者、羊飼いなど、いろいろな職業の人が、いろいろな時代や場所にいて互いに連絡をとらず、編集会議もしないのに、矛盾がなく、統一されています。主題は、イエス・キリストを通しての人間の救いです。これはまさに神業であり、神様にしか書けない本です。聖書は、いわば神様のことばが口述筆記された本なのです。

1. この文章で大切だと思うことを見つけてください。
   Ⅱペテロ 1：16-21 を読んでください。
2. 一番印象的な聖書箇所はどこですか？　なぜですか？
3. なぜ聖書の著者が神だと言えますか？

バイブルタイム！

The Bible

人生のガイドブック

複雑な電気製品を使いこなすためには、取扱説明書を読む必要があります。取扱説明書は、その製品を設計して、一番よく知っている人が使い方を説明してくれているからです。

私たちの人生はシンプルでなく、チャレンジに満ちています。私たちが幸せに生きていくためには、私たちを造り、私たちを愛し、私たちのことを一番よく知っている創造主の言葉を聞いて生きることが大切です。聖書は、私たちの人生のガイドブックとなって導いてくれます。

人生のルールブック

車を運転する時には、交通ルールを守る必要があります。ルールを守ることによって自分自身も守られ、他の人の安全も守られます。神様は私たちの人生のルールブックとして、聖書を与えてくれています。このルールを守ることによって、私たちは人として歩むべき道を歩めます。

私たちの人生には、一般常識では解決できない難題があります。「人生の目的は何か？」「何のために存在するのか？」「人間はどこから来たのか？」「死んだらどこへ行くのか？」 これらの質問に、しっかりと答えてくれるのが聖書です。

詩篇 119：105「あなたのみことばは　私の足のともしび　私の道の光です。」

1. この文章で大切だと思うことを見つけてください。
   Ⅱテモテ 3：10-17 を読んでください。
2. 一番印象的な聖書箇所はどこですか？　なぜですか？
3. このレッスンから何を適用したいですか？　具体的に！

祈り

神様、あなたが私の人生を導くために、聖書を与えてくださったことを感謝します。いつも聖書を通してあなたからの語りかけを聞くことができますように。アーメン。

アイスブレイクタイム！

1. あなたは論理的なタイプですか？　それとも感情的なタイプですか？
2. どんな基準で人を信頼しますか？　どんなプロセスを通りますか？

 # どう思いますか？

他者の経験を通して

　薬が効くか効かないかは、その薬を飲んだ人をよく観察したら分かります。物事が信頼できるかどうかは、その結果を見ればよく分かります。世界で 20 億人以上の人がクリスチャンです。彼らは、聖書が真実であり、創造主が存在すると証言しています。

有名人の聖書観

アイザック・ニュートン：「いかなる世界の歴史におけるよりも、聖書の中には、よりたしかな真理がある。」

マハトマ・ガンジー：「私の生涯に最も深い影響を与えた書物は聖書である。」

　聖書は永遠のベストセラーとして、現在までに約 3880 億冊が出版されたと推定され、ギネスブックにも記録されています。国際聖書協会によると、毎年 6 億 3300 万部以上の聖書が出版されています。[(3)] 裁判の時には、いろいろな証拠や証人が集められ、最終的に裁判官が判決を下します。ぜひ聖書についての証拠や証人を集め、信頼できるかどうか、判断してください。

1. この文章で大切だと思うことを見つけてください。
   マタイ 7：15-23 を読んでください。
2. 一番印象的な聖書箇所はどこですか？　なぜですか？
3. 聖書が真実であると認めるのと認めないのでは、あなたの人生にどんな影響がありますか？

自分の経験を通して

最初多くの人は、創世記なんておとぎ話のようで、宗教は弱い人が頼るものだ、神様なんて人間が気休めのためにつくったものだと考えます。しかし、人生のいろいろな場面を通して「神体験」や「聖書体験」をします。ひょっとしたら聖書は真実かもしれない、もしかしたら創造主は存在するかもしれない。それが2、3回なら偶然かもしれませんが、10、20回になると信仰に変わってきます。

著者の神体験

著者は、人生の目的や意味が分からない時に留学をしました。しかし、留学先で語学の壁、人種の壁、文化の壁、失恋など、いろいろ経験した時、ふと聖書を手にパラパラ開いていると、マタイ7：7が目に入り、心の底から叫びました。「もし神様がいるなら助けてください！」 次の日も相変わらず壁はあるのですが、心の中で「わたしがいるから大丈夫！」という語りかけを感じました。それが最初の「神体験」でした。

トマスの神体験

十二弟子の中の一人に、トマスがいます。他の弟子が復活のイエス様と出会った時に、トマスはいませんでした。彼は「イエスの復活など信じない、私がイエスの釘の跡を見て、指を釘の跡に入れないと信じない」と言い張りました。しかし、8日後に復活のイエスと出会い「神体験」をしたのです。あなたが求め、心を開くなら、きっと「神体験」や「聖書体験」ができるでしょう。

1. この文章で大切だと思うことを見つけてください。
   ヨハネ20：24-29 を読んでください。
2. 一番印象的な聖書箇所はどこですか？ なぜですか？
3. このレッスンから何を適用したいですか？ 具体的に！

祈り

神様、しっかりした人生を歩むために、聖書の学びを通して、確固とした人生の土台を教えてください。アーメン。

アイスブレイクタイム！

1. あなたの一番好きな曜日はいつですか？
2. あなたの人生は誰から、また何から大きな影響を受けましたか？

 ## どう思いますか？

世界への影響力

　キリスト教は外国の宗教で、日本人の私には関係ないと言うかもしれません。しかし、それは大きな誤解です。日本の民主主義の基盤になっているのが、聖書です。また、なぜ1週間は7日間で、日曜日が休みなのでしょうか？　創造主が6日間で天地を創造して、1日の安息を取ったから1週間は7日間になっています。

　現在、西暦で使われている紀元前（B.C.=Before Christ）は、キリストが来る前という意味です。紀元後（A.D.=Anno Domini）はラテン語で、キリストが来てからという意味です。1980年に生まれたという人は、聖書の主人公、キリストがこの世に来てから1980年後に誕生したという意味です。これほどキリストの影響力は、いろいろなところで現れています。

たくさんの翻訳

　現在、全世界の言語数は6600以上と言われています。聖書は、2551の言語に翻訳されています。[(4)]クリスチャンが各地に住んで言語を習得し、多大な労力を払って翻訳しています。もちろんこのような本は、人類史上初です。

Ⅱペテロ1:21「**預言は、決して人間の意志によってもたらされたものではなく、聖霊に動かされた人たちが神から受けて語ったものです。**」

1. この文章で大切だと思うことを見つけてください。
   創世記1：26-2：3を読んでください。
2. 一番印象的な聖書箇所はどこですか？　なぜですか？
3. あなたは聖書からどんな影響を受けましたか？

Reasons To Trust The Bible 2

350 以上の預言の成就

あなたが生まれる前に、どこで生まれ、いつ生まれ、名前は何かということが予言されていたら、怖くなるかもしれません。キリストは、生まれる何百年も前から、どこで生まれ、どのような生涯を送り、どのような死に方をするかが預言されていました。旧約聖書には、キリストに関して 350 以上の預言があり、すべて成就しています。

ミカ 5：2「ベツレヘム・エフラテよ、あなたはユダの氏族の中で、あまりにも小さい。だが、あなたからわたしのためにイスラエルを治める者が出る。その出現は昔から、永遠の昔から定まっている。」

イザヤ 7：14「それゆえ、主は自ら、あなたがたに一つのしるしを与えられる。見よ、処女が身ごもっている。そして男の子を産み、その名をインマヌエルと呼ぶ。」

ゼカリヤ 9：9「娘シオンよ、大いに喜べ。娘エルサレムよ、喜び叫べ。見よ、あなたの王があなたのところに来る。義なる者で、勝利を得、柔和な者で、ろばに乗って。雌ろばの子である、ろばに乗って。」

イザヤ書は、紀元前 700 年頃に預言者イザヤによって書かれました。人間がいかに迷いやすく、自分勝手であるかを教え、キリストが人間のすべての痛みと罪を背負って、十字架で身代わりになることを預言しています。神様以外に誰が、このように予告することが可能でしょうか？

1. この文章で大切だと思うことを見つけてください。
   イザヤ 53：1-10 を読んでください。
2. 一番印象的な聖書箇所はどこですか？　なぜですか？
3. このレッスンから何を適用したいですか？　具体的に！

祈り

神様、人間にはできないことも、あなたには可能だから感謝します。私の人生が、本当に良いものからの影響を受けて進むことができるように助けてください。アーメン。

アイスブレイクタイム！

1. あなたが悪いことをして、親を困らせた経験を話してください。
2. たいへん愛されたり、受け入れられたりした経験を話してください。

？ どう思いますか？

放蕩息子

ルカ 15：20「ところが、まだ家までは遠かったのに、父親は彼を見つけて、かわいそうに思い、駆け寄って彼の首を抱き、口づけした。」

　遺産というのは、親が死んでからもらうものです。しかし、放蕩息子は生前に自分の取り分を要求し、その財産を湯水のように使いました。そして、ユダヤ人にとっては屈辱的な豚の世話をしながら、空腹でその餌を食べたいと思うほど、どん底に落ちました。その時に彼は、父親のところに帰って、「天にもお父さんにも罪を犯してしまった」と伝えることを決心しました。

待っていた父

　息子が帰って来た時、まだ家から遠く離れていたのに、お父さんは息子を見つけて駆け寄り、抱きしめ、キスをしました。普通なら「なぜ帰って来たのか」「財産はどうしたのか」と責めるのではないでしょうか。しかし、このお父さんは息子の存在そのものを受け入れました。それだけではなく、息子のために豪華なパーティーを開きました。

　私たちも、神様から自由意志を与えられて、自由に行動することができます。しかし、それを間違った形で使い、人生に失望や空しさを感じているかもしれません。神様は、そんなあなたを待っています。あなたが天のお父様のところに帰って来るなら、両手で抱きしめ、大きな祝宴を開いてくださいます。

1. この文章で大切だと思うことを見つけてください。
   ルカ 15：11-24 を読んでください。
2. 一番印象的な聖書箇所はどこですか？　なぜですか？
3. 無条件の愛に出会うと、どう変わると思いますか？

Being と Doing

Being というのは、存在そのものを指します。私たちが赤ちゃんの時は、Being で受け入れられます。泣いても、ウンチをしても、そのままを受け入れられます。しかし、成長するに従って Doing が求められます。「早くしなさい。もっと勉強しなさい。」就職しても、結婚しても Doing を求められ、うまくできたら受け入れられ、できなかったら拒絶を体験します。自分の価値も Doing によって測ります。

神様はそのままのあなたを愛し、受け入れてくださいます。神様の救いの条件は、Doing ではなく Being です。どれだけ過去が暗くても、罪を犯したとしても、あなたを赦し、愛してくださいます。このような大きな恵みと愛に出会い、人生が変わっていきます。

イザヤ 43：4「**わたしの目には、あなたは高価で尊い。わたしはあなたを愛している。**」

あなたが、大型家電量販店で携帯電話を万引きして捕まったとします。普通なら警察に引き渡されるはずですが、その店長に謝ると赦され、それだけではなく、大型テレビとパソコンまでもらえたとしたらどうでしょうか？　考えられませんね！　神様は私たちを赦すだけではなく、愛、希望、力、永遠のいのちなど、数えきれない恵みを与えてくださいます。

1. この文章で大切だと思うことを見つけてください。
   エペソ 2：1-10 を読んでください。
2. 一番印象的な聖書箇所はどこですか？　なぜですか？
3. このレッスンから何を適用したいですか？　具体的に！

祈り

神様、あなたから与えられた自由を間違って使っていた私を、あなたがそれでも愛し、待っていてくださったから感謝します。赦され、愛されている者として歩んでいきます。アーメン。

アイスブレイクタイム！

1. あなたは、どんなコンプレックスを持ったことがありますか？
2. 人生で孤独や空しさを感じた経験を話してください。

 ## どう思いますか？

取税人ザアカイ

ザアカイは、取税人として不正に利益を得ていたので、お金はたくさん持っていましたが、人々から嫌がられていました。嫌われ者で背が低かったザアカイは、コンプレックスや寂しさを持っていました。そんな時に、有名なイエス様が自分の町にやって来るということを知りました。

ザアカイは、イエス様を一目見たいと思い、木に登りました。イエス様は、大勢の群衆の中からザアカイを見つけて彼の名前を呼び、家に泊まりたいと言いました。当時の文化では、誰かを家に迎えることは親しみを表し、非常に光栄なことでした。町の人々は、「なぜイエス様が嫌われ者で罪人のザアカイのところに行くのか」と文句を言いました。

変えられたザアカイ

ザアカイは、イエス様の無条件の愛によって変えられました。「財産の半分を貧しい人に施し、だまし取ったものは4倍にして返す」と言いました。するとイエス様は、「今日、救いがこの家に来た」と言いました。人は、自分より大きな愛に出会った時に変わります。この無条件の愛は、ザアカイだけではなく、あなたにも与えられています。それを受け取ることも、拒絶することも、あなたの選択次第です。

1. この文章で大切だと思うことを見つけてください。
   ルカ19：1-10を読んでください。
2. 一番印象的な聖書箇所はどこですか？ なぜですか？
3. ザアカイと自分にどんな共通点を見つけることができますか？

Unconditional Love 2 - Zacchaeus

アメージング・グレイス

「アメージング・グレイス」という有名な曲を作ったのは、ジョン・ニュートンです。彼の母は熱心なクリスチャンでしたが、彼が6歳の時に亡くなり、大きなショックを受けたニュートンは非行に走り、学校を退学し、奴隷売買をする船乗りになりました。

アフリカからイギリスへの帰路の途中、嵐に遭い、船が沈没寸前という状況で、ニュートンは神様に、「あなたがいるなら助けてください。もし助けてくださるなら、私の生涯をすべてあなたにささげます」と必死に祈りました。奇跡的に助かった彼は39歳で牧師となり、この曲を作ったのです。そのような自分が救われた驚きと恵みを歌っています。

これは、私たちの歌でもあります。かつて神様を無視し、自己中心の生活をしていたかもしれません。救われる価値のない、霊的に盲目な私たちを、神様は一方的な恵みによって受け入れてくださいました。

姦淫の女の赦し

姦淫で捕まえられた女がいました。当時の慣わしでは、石打ちの刑になります。人々がイエス様を試そうとして、どうするか尋ねた時に、イエス様は「罪のない者が石を投げなさい」と言い、人々が去った後、「あなたを罪に定めない。これからは罪を犯してはならない」と彼女を受け入れ、赦しました。この赦しと愛は、私たちにも与えられています。

1. この文章で大切だと思うことを見つけてください。
   ヨハネ8：1-11を読んでください。
2. 一番印象的な聖書箇所はどこですか？　なぜですか？
3. このレッスンから何を適用したいですか？　具体的に！

祈り

神様、あなたが与えてくださった無条件の愛と赦しを感謝します。ザアカイのように、あなたの愛で私も変えてください。アーメン。

アイスブレイクタイム！

1. 人生は、偶然と必然のどちらだと思いますか？
2. 進化論と創造論のどちらが信用できますか？

 # どう思いますか？

偶然の人生

あなたの人生は偶然ですか？　それとも必然ですか？　進化論的に考えるならば、すべてが偶然です。たまたま細胞からアメーバ、両生類、猿へと進化して、あなたが存在していることになります。偶然に存在するものには、目的も存在意義もありません。

進化論なら、日本で毎年2万人ほどの自殺者がいるのも不思議ではありません。「たまたまこの世に生まれたけれど、学校でいじめられ、会社でも人間関係に悩み、家族関係もあまり良くない。こんな辛い人生なら終わりにしてしまおう。死んで無になるなら、この苦しみを早く終わらせて楽になろう。」

聖書は創造論

対照的に聖書は、創造論を教えています。
「あなたは、たまたま猿から進化したのではなく、あなたをあなたとして、計画をもって創造してくださった方がいる。だから、他の人と比べて劣等感や優越感をもつ必要はない。最高の自分を生きなさい。」これがバイブルの教えです。

エレミヤ 29：11「わたし自身、あなたがたのために立てている計画をよく知っている――主のことば――。それはわざわいではなく平安を与える計画であり、あなたがたに将来と希望を与えるためのものだ。」

1. この文章で大切だと思うことを見つけてください。
創世記 1：20-31 を読んでください。
2. 一番印象的な聖書箇所はどこですか？　なぜですか？
3. 創造論を信じるなら、どんな素晴らしいことがありますか？

バイブルタイム！

ばらばらの腕時計

　高価なデジタル時計のすべての部品を分解して、家中にばらまきます。嵐が起こり、地震が起こり、長い年月が過ぎて、部品が集まってたまたま高価なデジタル時計ができると考えますか？　それとも時計の製作者がいて、一つ一つの部品を意図をもって組み合わせたと考えますか？　どちらが論理的でしょうか？　もちろん、後者の製作者の話ですね。

　どれだけ科学が進んでも、人間の脳のように素早く、いろいろなことを判断できるコンピュータはありません。どれだけロボット工学が進んでも、人間の目ほど自由自在にピントを合わせ、人間の鼻のように臭いを嗅ぎ分け、人間の舌が持っている感覚に近づけることは困難です。これを、たまたま進化して、偶然できたと考えるほうが乱暴です。

詩篇 139：13「あなたこそ　私の内臓を造り　母の胎の内で私を組み立てられた方です。」

神様のご計画

　創造主は、あなたが生まれる前から、どのお母さんから生まれ、いつ生まれ、どの国で生まれるかを計画していました。あなたは愛され、目的と計画をもって造られたのです。ですから、自分自身に健全な自信をもって、与えられた人生を全うしましょう。あなたを造った方があなたと共にいて、あなたに力を与えてくれます。

1. この文章で大切だと思うことを見つけてください。
   　詩篇 139：13-24 を読んでください。
2. 一番印象的な聖書箇所はどこですか？　なぜですか？
3. このレッスンから何を適用したいですか？　具体的に！

祈り

　神様、あなたは計画を持って私を造ってくださいました。ありがとうございます。あなたに与えられた人生を全うしたいです。いつも共にいて、力を与えてください。アーメン。

アイスブレイクタイム！

1. 間違った固定観念を持ったり、持たれたりしたことについて話してください。
2. 小さい時、どんな疑問を持っていましたか？

 ## どう思いますか？

よくある質問

①クリスチャンになったら、規則に束縛され自由がなくなる？

　多くの人が自由について誤解しています。自由とは、する権利もあるし、しない権利もあることです。ニコチン中毒や麻薬中毒の人には自由がありません。彼らに選択肢はなく、タバコや麻薬を摂取するしかありません。神様は人間に自由意志を与えたので、あなたは吸うことも吸わないこともできます。あなたの自由です。

②なぜ教会には、いろいろな教団、教派がある？

　バプテスト派、会衆派、長老派など、さまざまな教団、教派があります。簡単に言うと、強調点の違いです。ある人はアイスクリームのバニラが好きだし、ある人は抹茶が、ある人はストロベリーが好きです。どれが良い悪いということはなく、同じアイスクリームで好みの違いです。教派もよく似ています。違いの分かる大人のクリスチャンになりましょう。

③プロテスタントとカトリックの違いは何？

　もともとは一つでした。カトリックは教皇や司教の権威が強く、いつしか聖書以外の教えも入ってくるようになりました。免罪符を買えば救われるなどです。そのため、16世紀にマルティン・ルターらによって信仰の土台である聖書に立ち返ろうという動きが始まり、プロテスタントが起こりました。

　　1.　この文章で大切だと思うことを見つけてください。
　　　　　ローマ6：15-23を読んでください。
　　2.　一番印象的な聖書箇所はどこですか？　なぜですか？
　　3.　疑問があったけれど、答えられた経験を話してください。

Common Questions

他の宗教はどうなるの？

キリスト教は非常に排他的で、クリスチャンは他の宗教や人々を拒絶していると誤解している人がいます。

できたばかりの新興宗教を除くと、世界は五大宗教に分けることができます。①ヒンズー教②仏教③イスラム教④ユダヤ教⑤キリスト教です。この五大宗教が世界人口の約 75% を占めています。

ヒンズー教と仏教は多神教で、たくさんの神や仏を拝んでいます。イスラム教、ユダヤ教、キリスト教は一神教で、唯一の神を信じています。この 3 つの宗教の共通点は、旧約聖書を信じていることです。そしてイエスの存在も認めています。

イスラム教はイエスを預言者の一人と考え、ユダヤ教はペテン師と考え、キリスト教は救い主と考えます。突き詰めていくと、イエスを誰と解釈するかということになります。

聖書の説き明かし

ヨハネ 1 : 18「いまだかつて神を見た者はいない。父のふところにおられるひとり子の神が、神を説き明かされたのである。」

聖書ははっきりと、「創造主を見ることはできないが、イエス・キリストを通して神様がどういう方か説き明かされている」と教えています。ぜひ聖書を通して、キリストと創造主がどのような方かを学びましょう。

1. この文章で大切だと思うことを見つけてください。
     ヨハネ 1 : 9-18 を読んでください。
2. 一番印象的な聖書箇所はどこですか？　なぜですか？
3. このレッスンから何を適用したいですか？　具体的に！

祈り

神様、私はイエス様が救い主だと信じます。あなたがどういうお方かを聖書を通してもっと知ることができますように。アーメン。

アイスブレイクタイム！

1. 神様に質問できるなら、どんな質問をしたいですか？
2. 悪いことを経験した話をしてください。

どう思いますか？

神様がいるのに、なぜ？

「神様がいるなら、なぜ苦しみや戦争があるのですか？」という質問がよくあります。「愛の神様が存在するなら、苦しみがなく、みんなが幸せで平和に暮らせるようにするべきだ」という見方です。難しい問題ですが、下記の理由が考えられます。

①自由意志

創造主は人間を、良いことだけをするロボットのようには造らず、自由意志を与えました。人間の選択により、良いことも悪いこともできます。この自由意志が悪用された時に、虐待、殺人、戦争、ねたみが起こります。

②悪魔の存在

聖書は、神様と同じく、悪魔も存在すると教えています。天使の長であったルシファーが神のようになろうとして、天から落とされたのが起源と言われています。悪魔は、人間の罪や欲望を利用し、多くの苦しみをもたらします。

③有限な人間と無限の神

人間は有限であり、無限の神様を理解できないことも多くあります。例えば象の爪しか見えない蟻が、象全体を理解するのは困難です。その象が住んでいるジャングル全体を理解しようとしても不可能です。

④永遠の観点

私たちは、物事をこの世だけで判断しようとしますが、聖書は、この世は風が吹くように一瞬で終わり、その後に永遠が来ると教えています。最後の審判の時には、すべての人間が創造主の前に立ち、裁きを受けます。すべてがさらけ出され、巧みに逃げていた悪人も隠れることができません。

苦しみの始まり

最初の人間アダムとエバはエデンの園で暮らしていました。神様は自由意志のテストとして、園の中央の木の果実だけは食べてはいけないと命じました。しかし、蛇に誘惑され、人はその実を食べてしまいました。これが人類の苦しみの始まりです。

1. この文章で大切だと思うことを見つけてください。
   創世記３：1-8 を読んでください。
2. 一番印象的な聖書箇所はどこですか？　なぜですか？
3. あなたが経験した不思議な体験について話してください。

ヨブの信仰

ヨブは神を畏れる無垢な人でしたが、突然財産と子どもを失い、それだけではなく体中に腫れ物ができました。妻に「神を呪って死ねばいい」と言われ、３人の友達も「ヨブが罪を犯したから、このような苦しみがあるのだ」と彼を責めました。

しかし、ヨブはどんな時でも神様を愛し、従いました。そして、最後には２倍の祝福を受け、長寿を全うしました。数え切れない人がこのヨブ記に励まされ、人生が変えられました。もちろんヨブはそのことを知りませんが、神様は知っています。

ヨブ記 42：10「**ヨブがその友人たちのために祈ったとき、主はヨブを元どおりにされた。さらに主はヨブの財産をすべて、二倍にされた。**」

1. この文章で大切だと思うことを見つけてください。
   ヨブ記１：1-15 を読んでください。
2. 一番印象的な聖書箇所はどこですか？　なぜですか？
3. このレッスンから何を適用したいですか？　具体的に！

祈り

神様、私たちには分からないことがたくさんありますが、あなたはすべてをご存じです。どんな時もあなたに信頼できますように。アーメン。

If God Exists, Why Do Bad Things Happen?

アイスブレイクタイム！

1. 信頼していたのに裏切られた経験を話してください。
2. 永遠に信頼できるものは何だと思いますか？

 # どう思いますか？

本当に信頼できるものは何か

①恋人や家族

　家族は素晴らしいです。しかし、最近は高い確率で離婚や家庭崩壊が起こっています。また、どんなに幸せな家庭でも、死や病によって引き離されることがあります。恋愛関係は、もっと簡単に壊れますね。

②自分自身

　「私がこう思う、私がこう考えるから、これが正しい。」これは「自分教」と言われています。私たちの考えは、家庭、メディア、教育、友達など、限られた情報源の中から選択し、作られています。正直に自分自身を見つめると、弱くて罪があることに気づきます。

③仕事、会社、お金

　少し前の日本では、終身雇用制が一般的でした。大きな企業に就職すると、一生仕事も収入も安泰と考えられた時代がありました。現代は簡単に会社が倒産し、リストラに遭います。お金は必要で便利です。しかし、人生のゴールではなく、永遠に信頼できるものではありません。

④神様 & 聖書

　神様は私たちを造り、愛し続けてくれています。約束を守る真実な良いお方で、変わらず、裏切らず、嘘をつきません。ですから、信頼し、平安をもって歩むことができます。神様がどう
いう方であるかを教えている本が、聖書です。

1. この文章で大切だと思うことを見つけてください。
　　詩篇 25：1-7 を読んでください。
2. 一番印象的な聖書箇所はどこですか？　なぜですか？
3. 主はなぜ信頼できますか？

信頼できる羊飼い

聖書は、よく人間を羊にたとえています。①羊は目が悪く、近くしか見えません。②羊は臆病で、逃げ足も遅いです。③羊は愚かで迷いやすい生き物です。④羊は弱いくせに強情で頑固です。このような性質を人間も持っています。こんな羊が安全に暮らすためには、信頼できる羊飼いが必要です。

詩篇 23：1「主は私の羊飼い。私は乏しいことがありません。」

この詩篇 23 篇の著者であるダビデは、若い頃に羊飼いをしていました。ですから、羊にどれほど羊飼いが必要であるかをよく知っています。そして「私たちの羊飼いは神様だ」と宣言したのです。「緑の牧場に連れて行き、水を与えてくださり、死の危険がある時も共にいてくださり、信頼できる」と教えています。本当に信頼できるものを見つけた時に、人には心からの安心と平安が与えられます。

目に見えない神様

ヘブル 11：1「信仰は、望んでいることを保証し、目に見えないものを確信させるものです。」

神様は、目に見えないから信じられないかもしれませんが、私たちの視界に入るほど有限な存在ではなく、人知を超えた大きな方です。見えなくても、十分に知り、体験することができます。目に見えるものは有限で過ぎ去りますが、見えない神様は無限です。人知を超えた神様と関係を持つ時に、本当の安らぎが与えられます。

1. この文章で大切だと思うことを見つけてください。
   詩篇 23：1-6 を読んでください。
2. 一番印象的な聖書箇所はどこですか？　なぜですか？
3. このレッスンから何を適用したいですか？　具体的に！

祈り

神様、あなたを信頼して歩めますように。アーメン。

アイスブレイクタイム！

1. なぜ、自分を責めないで人を責めるのは良くないと思いますか？
2. 自分が変わって良かった経験を話してください。

 # どう思いますか？

責任転嫁

文句を言う人は、どこに行っても文句を言います。感謝する人は、どこにいても感謝します。辛い時、上手くいかない時、周りのせいにするのが一番楽です。「私の不幸の原因は親のせいだ、国のせいだ、会社のせいだ、教会のせいだ、牧師のせいだ。」他のものに責任転嫁して自分が変わらないことが、一番楽だからです。

エルサレムに、ベテスダの池がありました。そこに、38年間ずっと病気にかかっている人がいました。イエス様はその人に言いました。「良くなりたいか？」 しかし、その人はいろいろな言いわけをしました。「誰も私を水に入れてくれない」「人々が先に行ってしまう」などです。彼は、病気と不平不満をつぶやく人生を歩んでいました。その彼にイエス様は、起きて歩きなさいとチャレンジしました。

人間の本質

最初の人間アダムが罪を犯した時、自分を責めないでエバに責任転嫁し、エバを与えた神様に責任転嫁し、悪魔であるヘビに責任転嫁しました。これが人間の本質です。イエス様の病人へのチャレンジは、私たちにも当てはまります。「良くなりたいか？」

1. この文章で大切だと思うことを見つけてください。
   ヨハネ5：1-8を読んでください。

2. 一番印象的な聖書箇所はどこですか？　なぜですか？

3. あなたは、自分のどんなところがより良くなりたいですか？

どのように変わるか？

①キリストによって変わる

Ⅱコリント 5：17「だれでもキリストのうちにあるなら、その人は新しく造られた者です。古いものは過ぎ去って、見よ、すべてが新しくなりました。」

　自分の弱さと罪を認めて、キリストを心に迎えます。そうすると、責任転嫁する人間的で古い性質から、神様の新しい性質が与えられます。私たちは真理によって自由になり、変えられます。

②過去を引きずらない

エペソ 4：26「怒っても、罪を犯してはなりません。憤ったままで日が暮れるようであってはいけません。」

　過去の怒り、心配、否定的な思いを持ち続けるなら、悪魔につけ込む隙を与えてしまいます。イエス様は 38 年間病の人に、前向きに歩むことを教えました。重荷があるなら、すべてイエス様に明け渡しましょう。

マタイ 11：28「すべて疲れた人、重荷を負っている人はわたしのもとに来なさい。わたしがあなたがたを休ませてあげます。」

③愛のコミュニケーション

　多くの問題が、人間関係を通して起こります。陰で文句を言って問題を放置するのではなく、神様の愛をいただいて、具体的に、論理的に、聖書的にコミュニケーションできる「問題解決人」になりましょう。このような人は、自分が変わるだけではなく、周りにも良い影響を与えることができます。

1. この文章で大切だと思うことを見つけてください。
　　ローマ 12：14-21 を読んでください。
2. 一番印象的な聖書箇所はどこですか？　なぜですか？
3. このレッスンから何を適用したいですか？　具体的に！

祈り

　神様、あなたにあって、まず自分が変われますように。アーメン。

アイスブレイクタイム！

1. やる気が起こらなかった経験を話してください。その理由は？
2. 落ち込んだ時、やる気が出ない時、どんな解決法があると思いますか？

 ## どう思いますか？

うつの原因

Ⅰ列王記 19：4「**主よ、もう十分です。私のいのちを取ってください。私は父祖たちにまさっていませんから。**」

　今やうつの患者数は 100 万人とも言われ、現代の大きな問題です。日常生活の中で嫌なことがあって気持ちが落ち込み、元気がなくなることは、誰にでもあります。しかし、関心や意欲が長期にわたって持てない状態を「うつ状態」といいます。

　うつの原因については、学者によりいろいろな意見がありますが、大きな要因の一つは、喪失です。突然大切な人を亡くしてしまった時、親から虐待され、受けるべき愛情を喪失した時、うつになります。学校で虐められ、健全なセルフイメージを失うことも、うつの原因の一つです。

預言者エリヤ

　エリヤは、劇的な勝利を 2 度体験しました。天から火が下り、850 人の異教徒の預言者に勝利しました。またエリヤが祈ると、3 年間全く雨が降らなかったのに、雨が降りました。しかし、その後、彼は真理と主の力を忘れ、うつ状態に入ってしまいました。

ヨハネ 8：32「**あなたがたは真理を知り、真理はあなたがたを自由にします。**」

　　1.　この文章で大切だと思うことを見つけてください。
　　　　　Ⅰ列王記 19：1-4 を読んでください。
　　2.　一番印象的な聖書箇所はどこですか？　なぜですか？
　　3.　どのようにしたらリラックスできますか？

How To Deal With Depression

うつの対処法

①ゆっくり休み、食べる

　疲れていたエリヤに、御使いが来て、しっかりと食べて、飲み、寝て、運動するように言いました。うつになりやすいのは、真面目で完璧主義な人です。心も体もゆっくり休め、きちんと食べ、体を動かしましょう。

②静かに神様の声を聞く

ヘブル 12：2「信仰の創始者であり完成者であるイエスから、目を離さないでいなさい。」

　主がエリヤに現れた時、主は激しい風の中、地震の中、火の中にもおられず、かすかな細い声で話しました。私たちを造ってくださった主との交わりが、私たちの力の源となります。

③神様に正直に話す

Ⅰペテロ 5：7「あなたがたの思い煩いを、いっさい神にゆだねなさい。神があなたがたのことを心配してくださるからです。」

　エリヤは、一人ぼっちであると思い込んでいました。神様に、全部を正直に言い表しましょう。主が私たちを正して、癒やしてくださいます。また、正直にあなたの心を話し、祈り合える共同体を持ちましょう。

④使命に生きる

　ゴルフを愛する人は、どれだけ疲れていても早起きをし、お金を払ってゴルフをします。なぜかというと、彼らがゴルフを愛しているからです。神様はエリヤに使命を与えました。あなたにしかできない、特別な使命があることを感謝して、受け入れてください。使命に生きる人は、落胆、試練に打ち勝つことができます。

　　1.　この文章で大切だと思うことを見つけてください。
　　　　　Ⅰ列王記 19：5-18 を読んでください。
　　2.　一番印象的な聖書箇所はどこですか？　なぜですか？
　　3.　このレッスンから何を適用したいですか？　具体的に！

祈り

　神様、あなたの声を聞き、力を得て歩めますように。アーメン。

16

ねたみの対処法

アイスブレイクタイム！

1. ねたんだ経験を話してください。
2. 人はなぜねたむと思いますか？

どう思いますか？

ねたみとは

ねたみとは、優れているものや恵まれた環境にいるものをうらやみ、憎むことです。人は遠くの人ではなく、身近な人をねたんでしまいます。人間は、自然にしているとねたむものです。顔で笑いながら、心で舌打ちをしている時もあります。

ヨセフは、兄弟のねたみによって奴隷として売られました。ラケルは、自分の子どもがいないので、子どものいる姉のレアをねたみました。カインは、弟のアベルをねたみ殺しました。私たちも、カインの罪のDNAを持っていることを認識する必要があります。

Ⅰヨハネ3:12「**カインのようになってはいけません。彼は悪い者から出た者で、自分の兄弟を殺しました。なぜ殺したのでしょうか。自分の行いが悪く、兄弟の行いが正しかったからです。**」

バプテスマのヨハネの使命と役割

バプテスマのヨハネは、多くの人に洗礼を授けていました。しかし、イエス様が有名になってきて、多くの人がイエス様から洗礼を受けるようになりました。普通ならねたみの心を持つかもしれませんが、彼は言いました。ヨハネ3:30「あの方は盛んになり、私は衰えなければなりません。」ヨハネは、神様から与えられていた自分の使命と役割をよく理解し、全うしました。

1. この文章で大切だと思うことを見つけてください。
   ヨハネ3：22-30を読んでください。
2. 一番印象的な聖書箇所はどこですか？　なぜですか？
3. バプテスマのヨハネから何を見習いたいですか？

34

ねたみの対処法

①比較をしない

よきライバルを持ち、切磋琢磨し、成長することは素晴らしいです。しかし、ねたみの心をもって比較をするなら、あなたは決して幸せになりません。聖書は、喜ぶ者と共に喜び、悲しむ者と共に悲しむことを教えています。

エレミヤ1：5「わたしは、あなたを胎内に形造る前からあなたを知り、あなたが母の胎を出る前からあなたを聖別し、国々への預言者と定めていた。」

あなたは偶然生まれたのではなく、生まれる場所、肌の色、家族、すべてが神様の御手の中にあるのです。私たちは、神様によってユニークに造られたのです。

②感謝にフォーカスを当てる

あなたが、与えられた自分の顔、体、人間関係、家族、状況を感謝しないなら、他の人がうらやましくなります。感謝なことを心に留めて、書き留めて、繰り返し思い出してください。ないものにフォーカスを当てるのではなく、与えられているものにフォーカスしましょう。

ピリピ4：8「最後に、兄弟たち。すべて真実なこと、すべて尊ぶべきこと、すべて正しいこと、すべて清いこと、すべて愛すべきこと、すべて評判の良いことに、また、何か徳とされることや称賛に値することがあれば、そのようなことに心を留めなさい。」

1. この文章で大切だと思うことを見つけてください。
   ヤコブ3：13-18 を読んでください。
2. 一番印象的な聖書箇所はどこですか？　なぜですか？
3. このレッスンから何を適用したいですか？　具体的に！

祈り

神様、あなたは私をユニークな存在として造ってくださいました。与えられたものに感謝して歩めますように。アーメン。

アイスブレイクタイム！

1. あなたは自分が好きですか？　嫌いですか？
2. どうしたら健全なセルフイメージを持つことができますか？

 ## どう思いますか？

間違ったセルフイメージ

　ある少女は、自分の顔がどうしても好きになれず、高額な整形手術を受けました。しかし、それでも満足できず、何度も手術を繰り返しましたが、まだ不満です。何が問題なのでしょうか？　彼女の顔ではなく、彼女の心、セルフイメージに問題があります。

　健全なセルフイメージを持っていないと、誰かが笑ったり、コソコソ話をしているだけで、自分のことを笑っていると思ったりします。

神様の作品

　順子ちゃんは、100点が当たり前という完璧主義者のお母さんに育てられました。彼女はお母さんを喜ばせようとして頑張るのですが、うまくいかずに責められます。彼女の口癖は「どうせ私なんか」「私のせいで」でした。お祈りをしても「神様、ごめんなさい。私は邪魔ですよね」という祈りでした。

　彼女が聖書を読んでいる時に、何度も読んだことのある箇所が心に突き刺さり、涙が出てきました。

創世記1：31「**神はご自分が造ったすべてのものを見られた。見よ、それは非常に良かった。夕があり、朝があった。第六日。**」

　「こんな私でも神様に造られたんだ。こんな私でも神様の作品なんだ。こんな私を覚えてくれる方がいる。」神様の愛に出会った順子ちゃんは、人生が変えられていきました。

1. この文章で大切だと思うことを見つけてください。
　　創世記1：26-31を読んでください。
2. 一番印象的な聖書箇所はどこですか？　なぜですか？
3. 聖書とセルフイメージにどんな関係があると思いますか？

健全なセルフイメージのために

①過去に言われた否定的な言葉があなたを作るのではない

過去に言われた嫌な言葉や体験が、今のあなたを作り出すのではありません。あなたを造った人が、あなたの価値を決めます。

イザヤ43：4「わたしの目には、あなたは高価で尊い。わたしはあなたを愛している。」

②比べない

あなたは偶然生まれたのではなく、あなたを愛して、計画して造ってくださった方がいます。その方はあなたをユニークに、かけがえのない存在として造りました。生まれる場所、親、肌の色、すべては神様の御手の中にあります。ですから、人の長所と自分の短所を比べて生きる必要はありません。

③みことばに生きる

あの有名なモーセでさえも、最初はセルフイメージが低く、自信がありませんでした。しかし、彼は神様を信じて一歩を踏み出し、試練があっても神様を体験し続け、みことばに生きました。

神様の力によって

過去の傷つけられた言葉、間違った誓いが、あなたの心にしみついているかもしれません。ですから、みことばを信じ、宣言し、みことばに生きることを日々選んでください。神様の力によって絶対に変えられます。

1. この文章で大切だと思うことを見つけてください。
   出エジプト記4：1-17 を読んでください。
2. 一番印象的な聖書箇所はどこですか？　なぜですか？
3. このレッスンから何を適用したいですか？　具体的に！

神様、あなたの作品として造られたことを感謝します。アーメン。

傷の対処法！

アイスブレイクタイム！

1. 傷ついた経験を話してください。
2. 過去の傷や拒絶感に縛られないためには、どうしたらいいと思いますか？

どう思いますか？

誰にでもある過去の傷

ある女性は、若い頃、遊んでばかりいました。羽目を外しすぎて妊娠し、中絶しました。クリスチャンになってからも、その傷に対処していなかったので、彼女の中にはいつも罪悪感があり、教会奉仕や対人関係の邪魔になっていました。

ある青年は、小学生の時にいじめられ、高校生の時にもいじめを経験しました。その体験を通して彼は「自分は駄目で、馬鹿にされる存在で、本当の友達がいない」と何度も思い、その考えが心にこびりつきました。イエス様の愛を知ってからも、過去の拒絶感を持ち歩き、話す時もオドオドして、仕事もうまくいきません。

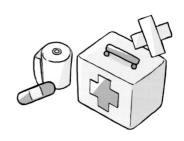

ペテロの傷

ペテロは、十二弟子の中でも最年長で代表的な存在でした。「たとえ死ぬことがあっても、あなたを裏切らない」とイエス様に言いましたが、イエス様が捕まった時、3度もイエス様を知らないと言いました。その後、罪悪感を持ちながら、元の漁師の生活をしていました。しかし、復活したイエス様が現れて、「私を愛するか」と3度聞かれ、使命を与えてくださいました。それからペテロは、神様に大いに用いられました。イエス様の愛に触れる時に、過去の傷から癒やされます。

1. この文章で大切だと思うことを見つけてください。
   ヨハネ 21：15-19 を読んでください。
2. 一番印象的な聖書箇所はどこですか？　なぜですか？
3. 過去の傷から自由になった経験を話してください。

解放のステップ

①症状を認識する

　まず症状を認識することが、癒やしの第一歩です。癌でも、症状を見つけることにより、対処法を考えることができます。誰でも傷はあります。仮面をかぶる必要はありません。

②原因を見つける

　その症状の原因が、いつ入ってきたかを考えます。親子の関係を通してか？　兄弟で比べられたことを通してか？　学校生活を通してか？　虐待を通してか？　原因が見つかると、解決に近づきます。

③イエス様に告白し、重荷を渡す

詩篇142：2「私は御前に自分の嘆きを注ぎ出し　私の苦しみを御前に言い表します。」

マタイ11：28「すべて疲れた人、重荷を負っている人はわたしのもとに来なさい。わたしがあなたがたを休ませてあげます。」

　傷、怒り、悲しみをずっと持っている必要はありません。いい子になる必要はありません。正直に告白し、重荷をイエス様に渡しましょう！

④みことばを宣言し、生きる

エペソ4：22「その教えとは、あなたがたの以前の生活について言えば、人を欺く情欲によって腐敗していく古い人を、あなたがたが脱ぎ捨てること」

　何年もかけて作られた否定的な考えが、こびりついている時があります。だからこそ、日々みことばを宣言し、聖められ続ける必要があります。すなわち古い人を脱ぎ捨て、新しい人を身につける必要があります。

1.　この文章で大切だと思うことを見つけてください。
　　　エペソ4：17-24を読んでください。
2.　一番印象的な聖書箇所はどこですか？　なぜですか？
3.　このレッスンから何を適用したいですか？　具体的に！

祈り

神様、あなたの愛で私の傷を癒やしてください。アーメン。

アイスブレイクタイム！

1. あなたが好きな有名な言葉を分かち合ってください。
2. 神様に対してどんなイメージがありますか？

 # どう思いますか？

聖書の中で最も有名な箇所

ヨハネ3：16「**神は、実に、そのひとり子をお与え
になったほどに世を愛された。それは御子を信じる
者が、一人として滅びることなく、永遠のいのちを持つためである。**」

　このヨハネ3:16が、聖書の中で最も有名な箇所と言われています。
野球やバスケットで、ヨハネ3:16のプラカードを持って応援するクリ
スチャンのファンも大勢います。ヨハネ3:16の鍵になる言葉を学びま
しょう。

「人間がつくった神」と「人間をつくった神」

　日本で「神」と言う時、「人間がつくった神」と「人間をつくった神」
に分けることができます。「が」と「を」の違いですが、大きな違いで
す。人間が作った石像、商売繁盛などの神様は「人間がつくった神」な
ので、力はありません。また、人並み以上に優れている人のことも、「神
様」と言います。「商売の神様」、松下幸之助などです。

　聖書は、造られたもの、すなわち被造物を通して創造主の存在が分か
ると教えています。ベストセラーであるバイブルが、この天地創造の由
来を教えています。

ローマ1：20「**神の、目に見えない性質、すなわち神の永遠の力と神性
は、世界の創造されたときから被造物を通して知られ、はっきりと認め
られるので、彼らに弁解の余地はありません。**」

　1.　この文章で大切だと思うことを見つけてください。
　　　創世記1：1-10を読んでください。
　2.　一番印象的な聖書箇所はどこですか？　なぜですか？
　3.　「人間がつくった神」と「人間をつくった神」の違いについて話
　　　してください。

バイブルタイム！

永遠のいのち

「一人として滅びることなく、永遠のいのちを持つためである。」

　人間は、この世の寿命や事故で死んで終わりではなく、永遠の天国と地獄があると教えています。人間は生まれながらに罪人であり、罪を犯します。この罪は人と比べての罪ではなく、完璧な神様から見ての罪です。

　完全な聖さを持った神は、罪人をそのまま受け入れることはできません。神は人を愛するがゆえに、自分のひとり子イエス・キリストをこの世に送ってくださり、十字架で全人類の過去の罪、現在の罪、未来の罪の身代わりとしてくださいました。しかし、キリストは死、罪、悪魔に勝利をし、３日目に復活しました。このことを信じる者には、罪の赦しと永遠のいのちが与えられます。

滅びることなく

「それは御子を信じる者が、一人として滅びることなく、」

　信じるとは、聞くことから始まり、次に理解し、そして信頼することです。信仰により、神様との関係を持つことができます。イエス・キリストは、神様が払うことのできる最大の犠牲でした。神様は、人間を愛しているがゆえに、ひとり子を与えてくださいました。ここに愛があります。

　クリスチャンとは、この愛に感動し、従っていく者です。今までは、自己中心で歩んでいたかもしれません。しかし、本当の愛に出会い、自己中心から神様中心、聖書中心に変わっていきます。

1. この文章で大切だと思うことを見つけてください。
   ヨハネ３：16-21 を読んでください。
2. 一番印象的な聖書箇所はどこですか？　なぜですか？
3. このレッスンから何を適用したいですか？　具体的に！

祈り

　神様、あなたに与えられた永遠のいのちを感謝します。神様を中心に歩んでいけますように。アーメン。

John 3:16

アイスブレイクタイム！

1. どんな時に自分の弱さ、罪を感じますか？
2. 人間と動物には、どんな違いがあると思いますか？

 # どう思いますか？

聖書のポイント

①創造

創世記1：1「はじめに神が天と地を創造された。」

　この世界と人間は、たまたま進化してできたのではなく、創造主によって創造されました。何もないところに、神様が「光、あれ」と命じると光ができました。神様が太陽、月、魚、動物などを造り、状況を整えて6日目に人間を造りました。

創世記1：27「**神は人をご自身のかたちとして創造された。**」

　神様は人間を、動物や植物とは違い、神様に似た者として特別に造られました。人間には言葉、理性、礼拝する心が与えられています。

②罪

ローマ3：23「**すべての人は罪を犯して、神の栄光を受けることができず**」

　罪には嘘、悪口、いじわる、憎しみ、自己中心などがあります。自分を造った神様を無視して歩むことも罪です。罪は、人間的な比較や基準によるのではなく、神様の基準で正しいかどうかです。誰も神様の御前では正しくありません。罪のゆえに人生の空しさ、迷い、いじめ、戦争、不平、悪口、姦淫など、数えきれない結果が生じます。また、人間には肉体の死と永遠の死があり、地獄へ行かなければならない運命になっています。

1. この文章で大切だと思うことを見つけてください。
   創世記3：8-19を読んでください。
2. 一番印象的な聖書箇所はどこですか？　なぜですか？
3. 罪の結果について話してください。

神の子どもとして

③救い

ローマ５：８「しかし、私たちがまだ罪人であったとき、キリストが私たちのために死なれたことによって、神は私たちに対するご自分の愛を明らかにしておられます。」

　クリスマスとは、何の日でしょうか？　イエス様の誕生を祝う日です。神が人のかたちをとり、キリストとして生まれてくださいました。そして全人類の罪の身代わりとして十字架にかかり、罪、死、悪魔に勝利して３日目に復活しました。

　この十字架の愛、身代わりを信じることを通して罪が赦され、神様との関係を持つことができます。

ヨハネ 14:6「イエスは彼に言われた。『わたしが道であり、真理であり、いのちなのです。わたしを通してでなければ、だれも父のみもとに行くことはできません。』」

④神様との歩み

ヨハネ１：12「しかし、この方を受け入れた人々、すなわち、その名を信じた人々には、神の子どもとなる特権をお与えになった。」

　今まで自己中心で、神様を無視して歩んできたかもしれません。しかし、私たちが悔い改めるなら、すなわち方向転換し、神様と関係を持ち、神の子どもとされるなら、神様と共に歩む最高の人生が待っています。神様を中心として、神様からの人生のガイドブックである聖書を土台として、人生を歩みましょう！

1. この文章で大切だと思うことを見つけてください。
   Ⅰコリント 15：1-8 を読んでください。
2. 一番印象的な聖書箇所はどこですか？　なぜですか？
3. このレッスンから何を適用したいですか？　具体的に！

祈り

神様、聖書を土台に、あなたと共に歩んでいきます。アーメン。

アイスブレイクタイム！

1. あなたの理想の家族について話してください！
2. クリスチャンになったら、どんな素晴らしいことがあると思いますか？

 ## どう思いますか？

クリスチャンの特権

①永遠のいのちが与えられました

ヨハネ3：16「**神は、実に、そのひとり子をお与えになったほどに世を愛された。それは御子を信じる者が、一人として滅びることなく、永遠のいのちを持つためである。**」

多くの人が保険、貯金などについて考え、心配します。しかし、死後はどうでしょうか？　聖書は、あなたの死後について保証しています。

②罪、恥からの赦し

Ⅰヨハネ1：9「**もし私たちが自分の罪を告白するなら、神は真実で正しい方ですから、その罪を赦し、私たちをすべての不義からきよめてくださいます。**」

多くの人が罪悪感や恥を持ち、人の目を気にしてしまいますが、イエス様の十字架の贖いにより、あなたは赦されています。

③神の家族の一員です

エペソ2：19「**こういうわけで、あなたがたは、もはや他国人でも寄留者でもなく、聖徒たちと同じ国の民であり、神の家族なのです。**」

自分が望むような家庭には生まれなかったかもしれません。しかし、あなたは神の家族の一員になったのです。父親から十分な愛情を受けなかったとしても、あなたを造り、愛し続けてくれる天のお父様がいます。

1. この文章で大切だと思うことを見つけてください。
   黙示録21：1-8 を読んでください。
2. 一番印象的な聖書箇所はどこですか？　なぜですか？
3. 神の家族のどんなところが素晴らしいですか？

特別な希望

④あなたは特別な作品です

エペソ2：10「実に、私たちは神の作品であって、良い行いをするためにキリスト・イエスにあって造られたのです。神は、私たちが良い行いに歩むように、その良い行いをあらかじめ備えてくださいました。」

あなたは、たまたま猿から進化して偶然人間になったのではなく、特別なあなたとして造られました。大量生産された製品ではなく、世界に一つしかない作品として造られました。

⑤あなたの国籍は天国です

ピリピ3：20「しかし、私たちの国籍は天にあります。そこから主イエス・キリストが救い主として来られるのを、私たちは待ち望んでいます。」

多くの人が、人種差別を受けて傷ついています。ある在日韓国人は、自分は韓国にも属していないし、日本にも属していないと感じていました。しかし、クリスチャンになり、自分の国籍は天国にあると分かり、解放されました。

⑥あなたにしかできない特別な働きがある

エレミヤ29：11「わたし自身、あなたがたのために立てている計画をよく知っている――主のことば――。それはわざわいではなく平安を与える計画であり、あなたがたに将来と希望を与えるためのものだ。」

イスラエルの民は、バビロニアによって捕囚とされていましたが、神様にはご計画がありました。この言葉は、私たちにも当てはめることができます。あなたの人生に希望の計画があります。

1. この文章で大切だと思うことを見つけてください。
   エレミヤ29：10-14を読んでください。
2. 一番印象的な聖書箇所はどこですか？　なぜですか？
3. このレッスンから何を適用したいですか？　具体的に！

祈り

神様、私の人生にはあなたからの希望の計画があります。アーメン。

神様が存在する理由

1. あなたは論理的なタイプですか？　それとも感情的なタイプですか？

2. なぜ多くの人が神の存在を信じていると思いますか？

どう思いますか？

創造主が存在する証拠

① 「最初の最初」を考えると神様に行き着く

　「最初の最初」のおばあちゃんは、どこから来たのでしょうか。おばあちゃん星でしょうか？　ビッグバン説でも、最初に爆発する物体はどこから来たかを説明できません。進化論では、最初に進化を始めた物質がどこから来たのか、説明できません。

② 被造物のデザインを通して、神様の存在が分かる

　無限に広がる宇宙、自然、人間の体のそれぞれの部分、その中にある人知を超えたデザイン、計画性。それらを見れば、偶然ではなく、とんでもなく大きな方によって創造されたことが分かります。

③ 神を体験した人の存在

　全世界の人口の約 1/3 にあたる 20 億人以上の人が、クリスチャンとして神の存在を認めています。彼らは集団催眠術、集団幻想にあったのでしょうか？　それとも本当に神様が存在するのでしょうか？

④ 人間には、神を求める本能がある

　赤ちゃんは、自然にお母さんのおっぱいを求めます。それはおっぱいが存在するからです。人間の中に、自分以上の存在を求める本能があります。

1. この文章で大切だと思うことを見つけてください。
   ローマ 1：18-23 を読んでください。

2. 一番印象的な聖書箇所はどこですか？　なぜですか？

3. どんな時に自分以上の存在を感じますか？

神様の計画

人間の出会いほど、不思議なものはありません。著者の妻は九州出身ですが、彼女に会いたいと思って出会ったわけではありません。彼女のことを知らないので、会いたいという思いも持てませんでした。しかし、留学先のアメリカで出会って恋に落ち、結婚しました。なんという確率でしょう。

人間の出会いをたまたまと考えるか、それとも運命だと考えるか？運命だとするなら、その運命は誰が作ったのか？　聖書は、それは神様だと教えています。神様の計画によってそれぞれの人々と出会ったなら、その出会いを大切にするべきです。

特別な選び

男性から排出される精液の量は、1回に1〜6ccと言われています。1cc中に約6千万から1億の精子があります。あなたは、約6億分の1の競争を勝ち抜いて生まれたのです。これを偶然と考えるか、神の特別な選びと理解するかで、大きな違いがあります。

創世記1：1を真実と受け取るか、それともおとぎ話、作り話と考えるか？　人生は必然で、大きなものが導いていると信じるか、すべてが偶然と受け止めるか？　大きな違いです。

イザヤ40：26「**目を高く上げて、だれがこの宇宙を創造したか考えてみよ。主は、そのすべてを無より創造し、それを支配しておられる。その大能の力によって、それをしておられる。**」（現代訳）

1.　この文章で大切だと思うことを見つけてください。
　　　創世記1：1-13を読んでください。
2.　一番印象的な聖書箇所はどこですか？　なぜですか？
3.　このレッスンから何を適用したいですか？　具体的に！

祈り

神様、私はあなたの存在を知りました。あなたが私の人生を計画し、すべてのものを備えていてくださったことを感謝します。アーメン。

アイスブレイクタイム！

1. 日本の文化の好きな点、嫌いな点について話してください。
2. どんな時に自分の弱さを感じますか？

 # どう思いますか？

日本人の罪意識

日本人の罪意識と聖書による罪の教えには、大きな隔たりがあります。罪が分からないと、救いも十字架の必要性も感じません。

①罪意識はきわめて低い

ある宣教師が、田中さんに言いました。「田中さん、あなたは罪人です。」田中さんは非常に怒りました。「私は長年政府関係で働き、立派な仕事をしているのに、この私に罪人だと！」 宣教師に大声で怒り始めました。

②捕まらないと罪だと思わない

駐車違反、スピード違反も、警察に捕まらなければ大丈夫だと考えます。聖書の罪の基準は、私たちの思いすべてをご存じの神様から見て、正しいかどうかです。

③罪よりも人の目を強調する

「他の人に迷惑をかけてはいけません。」「周りの人がどう思うかよく考えなさい。」日本人は、罪よりも、他人にどう思われるかに気を遣うことを教えこまれています。しかし聖書は、私たちを造った創造者がどう思うかが、一番大切だと教えています。

1. この文章で大切だと思うことを見つけてください。
   ローマ7：15-8：2を読んでください。
2. 一番印象的な聖書箇所はどこですか？　なぜですか？
3. 日本の罪概念と聖書の罪概念の違いについて、話してください。

すべての人が罪人

新約聖書の半分以上を書いた大使徒パウロでさえ、自分の弱さを知っていました。

ローマ3：23「すべての人は罪を犯して、神の栄光を受けることができず」

マタイ5：28「**しかし、わたしはあなたがたに言います。情欲を抱いて女を見る者はだれでも、心の中ですでに姦淫を犯したのです。**」

人間は本来、創造主と交わりを持つものとして造られました。しかし、神様を無視して、自分勝手な方向に進みました。聖書の罪は、全知全能の聖なる創造主から見て、罪人かどうかです。ですから、すべての人間が罪人であると宣言しています。ボランティアをしたから、真面目に仕事をしているから、他の人と比べていい人だからなど、人間的な基準で罪があるかどうかを教えてはいません。

ローマ6：23「**罪の報酬は死です。しかし神の賜物は、私たちの主キリスト・イエスにある永遠のいのちです。**」

人間の罪の結果として、人生に心配、恐れ、不安、ねたみ、自己中心、迷いが生じます。この世はどんどん良くなるのではなく、どんどん悪くなることを聖書は預言しています。神様はアダムとエバが罪を犯した後、ずっと忍耐しながら、預言者を送り、語り続けました。

人間は苦しい時だけ神様を求めて、繁栄すると神様を忘れることを繰り返しました。しかし神様は、愛の最終兵器として自分のひとり子イエス・キリストを、私たちの身代わりとして十字架につけられました。

1. この文章で大切だと思うことを見つけてください。
   イザヤ53：3-10 を読んでください。
2. 一番印象的な聖書箇所はどこですか？　なぜですか？
3. このレッスンから何を適用したいですか？　具体的に！

祈り

神様、私も罪人です。赦してくださって感謝します。アーメン。

アイスブレイクタイム！

1. あなたがした悪いことについて話してください。
2. やめたいのにやめられないことはありますか？

 ## どう思いますか？

聖書が教える罪

聖書を正しく理解するためには、聖書が教える罪を理解することが大切です。自分の罪深さを知ると、イエス様の愛の大きさが、もっとよく理解できます。クリスチャンとは、完璧な者ではなく、自分に助けが必要だと認めた人です。

①神様から見た罪

誰が罪に定めるか？　答えは神様です。聖書は、完璧な神様から見て罪人かどうかを教えています。近所の人と比べて、自分がましかどうかではありません。

②一回だけでも、一つだけでも罪

例えば、皆さんがカレーライスを食べ

ていて、少しだけウンコが混ざっていたら食べますか？　食べませんね。白ご飯の中に、少しだけ白いウジが入っていたら食べますか？　食べませんね。私たちに一つでも罪があると、神様は受け入れることができません。

③的が外れていること

「罪」の原語は、ギリシア語のハマルティアという言葉で、「的をはずす」「迷う」を意味します。自分を造ってくれた方を無視して歩む人生、自己中心の人生を、聖書は的外れの人生と教えています。王であり、英雄であったダビデでさえ、罪を犯しました。

1. この文章で大切だと思うことを見つけてください。
   詩篇 32：1-11 を読んでください。
2. 一番印象的な聖書箇所はどこですか？　なぜですか？
3. あなたが思っていた罪と聖書が教える罪は、どのように違いますか？

バイブルタイム！

罪の身代わり

この世でも、罪を犯した場合は、謝罪が必要です。被害者が赦すなら和解できます。しかし、赦されない場合は、慰謝料を払ったり、刑務所での服役が必要です。旧約時代は罪の身代わりとして動物をささげましたが、イエス様がすべての罪の身代わりとなってくださり、今は動物をささげる必要はなくなりました。

Ⅰヨハネ1：9「もし私たちが自分の罪を告白するなら、神は真実で正しい方ですから、その罪を赦し、私たちをすべての不義からきよめてくださいます。」

イエス様を信じ、赦しを受け取りたいなら、「祈り」を声に出して告白してください。アーメンとは「本当に」という意味です。

ヨハネ1：12「しかし、この方を受け入れた人々、すなわち、その名を信じた人々には、神の子どもとなる特権をお与えになった。」

ローマ10：10「人は心に信じて義と認められ、口で告白して救われるのです。」

1. この文章で大切だと思うことを見つけてください。
   ローマ10：5-13を読んでください。
2. 一番印象的な聖書箇所はどこですか？　なぜですか？
3. このレッスンから何を適用したいですか？　具体的に！

祈り

神様、あなたの目から見て罪人であることが分かりました。今まであなたを無視して歩んできました。どうぞ私の知って犯した罪、知らないで犯した罪を赦してください。イエス様が私の罪のために死に、3日目によみがえったことを信じます。私の心にあなたを迎えたいです。今まで自己中心で歩んできましたが、あなたを中心にし、歩んでいきたいです。あなたの喜ばれる人生を送りたいです。この祈りを主イエス・キリストの御名によってお祈りします。アーメン。

アイスブレイクタイム！

1. あなたの一番好きな月はいつですか？　なぜですか？
2. あなたが驚いた経験を話してください。

どう思いますか？

Why クリスマス？

①クリスマスの意味

　クリスマスは、英語で「Christmas」です。これは「キリスト（Christ）のミサ（mass）」という意味です。クリスマスとは、イエス・キリストが約2000年前にこの世に生まれたことをお祝いする日なのです。

②キリストの影響力

　紀元前はBC (Before Christ) で、キリストの誕生の前を意味します。ADはラテン語のAnno Domini（主の年に）で、「主が来てから」という意味です。

　仮にあなたの誕生日が1980年3月16日だとすると、イエス・キリストが来てから1980年と3か月と16日後に生まれたということです。約2000年前に中東のベツレヘムで生まれた赤ちゃんが、今でもこのような影響を与えています。

③混乱をなくすために

　日本では八百万（やおよろず）の神と言われ、たくさんの神々がいて、分かりにくいです。唯一まことの神様が人の形を取って2000年前にイエス・キリストとして現れ、混乱をなくしてくださいました。ヨハネ1：18「いまだかつて神を見た者はいない。父のふところにおられるひとり子の神が、神を説き明かされたのである。」このことに感謝して、全世界でイエス・キリストの誕生日であるクリスマスを祝うのです。

1. この文章で大切だと思うことを見つけてください。
   マタイ1：18-25を読んでください。
2. 一番印象的な聖書箇所はどこですか？　なぜですか？
3. クリスマスの良い思い出について話してください。

処女降誕

人間の常識では、処女から子どもが生まれるなんて不可能だと思うかもしれませんが、天地、宇宙を創造した神様にとっては、処女降誕も難しいことではありません。

ルカ1：37「**神にとって不可能なことは何もありません。**」

イエス・キリストが処女マリアから生まれたことは、アダムから始まって受け継がれてきた罪の性質から自由になったことを示しています。

ルカ1：35「**御使いは彼女に答えた。『聖霊があなたの上に臨み、いと高き方の力があなたをおおいます。それゆえ、生まれる子は聖なる者、神の子と呼ばれます。』**」

キリストが人類の救い主であるためには、完全な神性と人間性の両方を持っていなければいけませんでした。罪人が罪人を救うことはできません。神様は、罪のない完全な存在として、処女マリアを聖霊により身ごもらせ、キリストが誕生するという方法を取りました。

イザヤ7：14「**それゆえ、主は自ら、あなたがたに一つのしるしを与えられる。見よ、処女が身ごもっている。そして男の子を産み、その名をインマヌエルと呼ぶ。**」

イエス様が生まれる約700年前から、処女が身ごもり、男の子が生まれると預言されていました。その名は「インマヌエル」で、神様が私たちとともにおられるという意味です。人間はある意味、孤独な生き物ですが、イエス様は永遠に私たちと共にいてくださいます。

1. この文章で大切だと思うことを見つけてください。
   イザヤ7：10-17を読んでください。
2. 一番印象的な聖書箇所はどこですか？　なぜですか？
3. このレッスンから何を適用したいですか？　具体的に！

祈り

神様、私のために来てくださったことを感謝します。アーメン。

アイスブレイクタイム！

1. もらって嬉しかったプレゼントは何ですか？
2. あなたのクリスマスの思い出について教えてください。

 ## どう思いますか？

クリスマスプレゼント

①クリスマスには、どうしてプレゼントをするの？

　クリスマスにプレゼントを贈る習慣には、いくつかの由来があります。イエス・キリストの誕生の際に、東方から来た賢人が贈り物を携えてきたこと、また聖ニコラスが、人に知られずに困った人へ贈り物をしたことなどです。

②あなたへのクリスマスプレゼント

　イエスとは、「主は救いである」という意味です。完全な人は誰もいません。私たちは間違いを犯したり、人を傷つけたりします。イエスは私たちのために生まれ、私たちの過ちや罪を背負って十字架で死に、3日目によみがえりました。それによって私たちの過ちは赦され、さらに救い、永遠のいのち、希望が与えられます。これが聖書の教えるクリスマスプレゼントです。

③どのようにプレゼントを受け取るか？

　告白することから始まります。「イエス様、今まであなたを無視してきました。私の罪を赦してください。心の真ん中に来てください。あなたからのプレゼントを受け取ります。イエス・キリストの御名によってお祈りします。アーメン！」このように祈ることによって、愛のプレゼントを受け取ることができ、創造主との関係が始まります。

1. この文章で大切だと思うことを見つけてください。
　　ローマ 10：5-13 を読んでください。
2. 一番印象的な聖書箇所はどこですか？　なぜですか？
3. なぜイエス様が最高のクリスマスプレゼントだと思いますか？

愛のプレゼント

ある残忍な実験のために、数人の赤ちゃんが集められました。誰も話しかけず、愛さず、生存するための生活環境と食物だけを与えました。すると数か月後に、その赤ちゃんたちは死んでしまいました。聖書は、人間は偶然できたのではなく、愛されるために造られたと教えています。人は、愛なしでは生きられないのです。

ヨハネ 3：16「神は、実に、そのひとり子をお与えになったほどに世を愛された。それは御子を信じる者が、一人として滅びることなく、永遠のいのちを持つためである。」

アンパンマンのモデル

有名なアンパンマンの産みの親は、やなせたかしさんといい、クリスチャンです。アンパンマンのモデルは、イエス・キリストです。愛には犠牲が伴います。アンパンマンは自分の顔を差し出して、空腹の人々を助けます。イエス様は、自分の命を人間のために与えてくださいました。

神様と言っても分かりにくいので、キリストがクリスマスに生まれ、神様がどんな方であるかを示してくださいました。神の表れであるイエス様は、王宮や最高の場所で生まれることもできました。しかし、下の下までへりくだり、暗くて臭い動物小屋の飼い葉桶で生まれました。キリストの愛と謙遜さを感謝しましょう。

1. この文章で大切だと思うことを見つけてください。
   ルカ 2：1-12 を読んでください。
2. 一番印象的な聖書箇所はどこですか？　なぜですか？
3. このレッスンから何を適用したいですか？　具体的に！

祈り

神様、あなたからのクリスマスの愛のプレゼントは偉大すぎて、全部は分かりませんが、もっと深くあなたを知ることができるように助けてください。アーメン。

アイスブレイクタイム！

1. なぜ多くの人が、死後についてあまり考えないと思いますか？
2. 死後どうなるかを知ることができたら、どんな利点があると思いますか？

 ## どう思いますか？

死後についての考え

①無になる、何もない

　人間はただ有機物が進化したものであり、死んだらすべてが終わり、心、魂、思いも全部なくなります。これが真実なら本当に空しいですね。

②輪廻転生、生まれ変わる

　別のものに生まれ変わって、ずっと回り続ける。死んだら、今度はどこかで別の人間として生まれて、新しい人生が始まる。行いの悪いものは、人ではなく虫や動物になる。

③あなたは神、仏になる

　霊魂、地縛霊、仏、神になる。日本ではお盆に先祖の霊を迎えるという風習があり、粗相があると罰が当たると言う人もいます。

④永遠の天国と地獄

　聖書は、人間は死んで終わりというような空しいものではなく、創造主のもとに戻り、死、悲しみ、苦しみがない永遠の天国に行くと約束しています。また、天国に行けない者には、永遠の滅び＝地獄が待っていると教えています。

⑤そんなの考えたことない

　忙しすぎて、何も考えない。周りの誰ともそんなことを話したことがない。しかし、すべての人間はいつか死ぬので、死に対して準備しておく必要があります。

　　1.　この文章で大切だと思うことを見つけてください。
　　　　ルカ 16：19-31 を読んでください。
　　2.　一番印象的な聖書箇所はどこですか？　なぜですか？
　　3.　ルカの福音書は、死後はどうなると教えていますか？

バイブルタイム！

聖書の伝える死後

Ⅱペテロ1:21「**預言は、決して人間の意志によってもたらされたものではなく、聖霊に動かされた人たちが神から受けて語ったものです。**」

聖書は、クリスチャンが集まって都合のいいことを書いたのではなく、神様が人々を動かして人間に必要なことを書き残したものです。ですから、現在までに約3880億冊の聖書が出版され、20億人以上の人が信じ、時代を超えて社会に絶大な影響を与えています。

ヘブル9：27-28「**そして、人間には、一度死ぬことと死後にさばきを受けることが定まっているように、キリストも、多くの人の罪を負うために一度ご自分を献げ、二度目には、罪を負うためではなく、ご自分を待ち望んでいる人々の救いのために現れてくださいます。**」

聖書は、人間がどこから生まれ、どこへ行くのかをはっきりと教えてくれています。多くの人が将来の保証や安心のために、火災保険や入院保険に加入します。しかし、絶対にやってくる死に対しては、真剣に取り組んでいません。

「死後、自分が仏になる」「輪廻転生」などは証拠も根拠もほとんどない、人々の言い伝えです。聖書を信頼するかしないかを、しっかりと学び、決断してください。あなたの永遠に影響します。

1. この文章で大切だと思うことを見つけてください。
   黙示録20：11-15を読んでください。
2. 一番印象的な聖書箇所はどこですか？　なぜですか？
3. このレッスンから何を適用したいですか？　具体的に！

祈り

神様、私たちはみんな死を迎えます。それに対して、しっかりと準備しておくことができるように、あなたが助けてください。アーメン。

What Happens After We Die?

十字架の死

 # アイスブレイクタイム！

1. 痛い思いをした経験について話してください。
2. なぜイエス様の十字架の死は大切だと思いますか？

 # どう思いますか？

十字架の意味

　全世界で、十字架のネックレスやイヤリングは人気があります。しかし、十字架刑は人類史上最も残酷な処刑法の一つです。これは、人々が首に電気椅子や首つり台のネックレスをつけているのと同じことなのです。なぜ多くの人が、十字架のアクセサリーをつけるのでしょうか？　それには深い意味があります。

　天地創造後の最初の人間、アダムとエバが神様に背いたため、すべての人間は罪の性質を持って生まれ、その罪のゆえに聖なる神様との関係が断絶されました。愛なる神様は、人間を愛しているがゆえに、約2000年前のクリスマスにイエス様を誕生させました。キリストは第二のアダムとして現れ、悪魔と罪に完全に勝利しました。そして私たちの過去、現在、未来の罪をすべて背負って、十字架で身代わりの子羊として死んでくださいました。

イエスの痛み

　十字架につけられる前に茨の冠をかぶせられ、何千人という群衆に罵声を浴びせられ、骨と鉄の破片が先についた鞭でたたかれ、肉が裂け、痛みが神経まで届きました。両手首と足首の付け根に15センチもある釘を打ち付けられ、私たちの痛み、悲しみをすべて背負って十字架の上で死んでくださいました。

1. この文章で大切だと思うことを見つけてください。
　マタイ27：45-56を読んでください。
2. 一番印象的な聖書箇所はどこですか？　なぜですか？
3. キリストの十字架の死は、あなたにどう関係があると思いますか？

バイブルタイム！

十字架の7つの言葉

①赦しの言葉　ルカ 23：34「そのとき、イエスはこう言われた。『父よ、彼らをお赦しください。彼らは、自分が何をしているのかが分かっていないのです。』」

②約束の言葉　ルカ 23：43「イエスは彼に言われた。『まことに、あなたに言います。あなたは今日、わたしとともにパラダイスにいます。』」

③思いやりの言葉　ヨハネ 19：26-27「イエスは、母とそばに立っている愛する弟子を見て、母に『女の方、ご覧なさい。あなたの息子です』と言われた。それから、その弟子に『ご覧なさい。あなたの母です』と言われた。その時から、この弟子は彼女を自分のところに引き取った。」

④身代わりの言葉　マルコ 15：34「そして三時に、イエスは大声で叫ばれた。『エロイ、エロイ、レマ、サバクタニ。』訳すと『わが神、わが神、どうしてわたしをお見捨てになったのですか』という意味である。」

⑤死の宣言の言葉　ヨハネ 19：28「それから、イエスはすべてのことが完了したのを知ると、聖書が成就するために、『わたしは渇く』と言われた。」

⑥救いの完成の言葉　ヨハネ 19：30「イエスは酸いぶどう酒を受けると、『完了した』と言われた。そして、頭を垂れて霊をお渡しになった。」

⑦天のお父様を信頼する言葉　ルカ 23：46「イエスは大声で叫ばれた。『父よ、わたしの霊をあなたの御手にゆだねます。』こう言って、息を引き取られた。」

1. この文章で大切だと思うことを見つけてください。
　　ヨハネ 19：28-37 を読んでください。
2. 一番印象的な聖書箇所はどこですか？　なぜですか？
3. このレッスンから何を適用したいですか？　具体的に！

祈り

神様、私のすべての罪を背負い、十字架にかかってくださった、その愛を感謝します。アーメン。

アイスブレイクタイム！

1. あなたが驚いた経験を話してください。
2. イエス様の復活は、あなたにとってどんな意味があると思いますか？

 ## どう思いますか？

死の壁を打ち破る復活

　人間は、死の壁を打ち破ることができません。しかし、人類で唯一その死を打ち破り、よみがえった方がいます。それがイエス・キリストです。キリストが宣言されたのは、ヨハネ 11：25 です。「わたしはよみがえりです。いのちです。わたしを信じる者は死んでも生きるのです。」信じる者は、キリストがよみがえったようによみがえり、永遠のいのちを与えられます。

　この復活は、私たちが人生で悲しみや失敗にあっても、復活できる希望を与えてくれます。この復活の力は、この世で罪や悪魔と戦っている私たちに、勝利する力を与えてくれます。この復活は、キリスト教の中心的な教えです。この復活がないなら、聖書の教えは成り立ちません。

キリストの復活はユニーク

　キリストの復活は、本当にユニークです。いろいろな良い道徳や、死後について教えている宗教はありますが、実際に死に、よみがえり、自分が神様への「道であり、真理であり、いのちである」と宣言したのは、イエス・キリストだけです。

　そんな常識を超えたことが起こるわけがない、と言うかもしれません。しかし、無から有を造り、天地を創造された創造主がいるならば、死からの復活も不可能ではありません。

1.　この文章で大切だと思うことを見つけてください。
　　　ルカ 24：1-12 を読んでください。
2.　一番印象的な聖書箇所はどこですか？　なぜですか？
3.　もし復活がなかったとしたら、どうなると思いますか？

キリストの復活の証拠

①空のお墓

　イエス様が収められたお墓は、空でした。ローマ兵たちは、人々の信仰をやめさせるために、キリストの死体を見せたら簡単に止めることができました。しかし死体がなかったので、見せることができませんでした。

②復活したキリストの現れ

　歴史的事実として、多くの人々が復活のキリストに会い、話し、触れ、食事をしました。11人の弟子たちに現れ、500人以上の人々に現れ、疑っていたトマスに現れました。キリストは多くの人々と、いろいろな時、いろいろな場所に現れました。これらすべての人に錯覚や幻覚を見させることは不可能です。

③弟子たちは殉教しました

　人間は、自分の作り出した嘘のためには死にません。弟子たちはキリストの福音を伝え続け、それゆえに彼らは迫害され、処刑されました。弟子たちが体験したことが、あまりにも真実だったので、たとえ殺される可能性があっても伝え続けたのです。

Ⅰコリント15：17「そして、もしキリストがよみがえらなかったとしたら、あなたがたの信仰は空しく、あなたがたは今もなお自分の罪の中にいます。」

1.　この文章で大切だと思うことを見つけてください。
　　　　　Ⅰコリント15：3-11を読んでください。
2.　一番印象的な聖書箇所はどこですか？　なぜですか？
3.　このレッスンから何を適用したいですか？　具体的に！

祈り

　神様、イエス様が私の罪の身代わりとして十字架の上で死に、私に永遠のいのちを与えるために復活してくださったことを感謝します。そのいのちに生かされて歩んでいきます。アーメン。

アイスブレイクタイム！

1. あなたの人生で、誰があなたを励まし、慰めてくれますか？
2. 聖霊は、どのようにあなたの人生を助けてくれていますか？

❓ どう思いますか？

神様はどういう方か

ヨハネ 14：16「そしてわたしが父にお願いすると、父はもう一人の助け主をお与えくださり、その助け主がいつまでも、あなたがたとともにいるようにしてくださいます。」

初めに神が、天地を創造されました。そして人類の罪の救いのために、イエス・キリストが地上で生まれ、十字架で死に、3日目によみがえり、40日間地上で過ごし、昇天しました。多くの神々や偶像がある中で、イエス・キリストは神様がどういう方であるかを示してくださいました（ヨハネ1：18）。

昇天前の約束

キリストは昇天前に、「私は去るが、あなたを一人にしない。あなたを助け、慰める方、聖霊を送る」と約束してくださいました。聖霊様が私たちと共にいてくださり、私たちの中に住んでくださいます。

ヨハネ 14：26「しかし、助け主、すなわち、父がわたしの名によってお遣わしになる聖霊は、あなたがたにすべてのことを教え、わたしがあなたがたに話したすべてのことを思い起こさせてくださいます。」

自分の頑張りや努力だけでは、神様を理解し、従うことはできませんが、聖霊様が私たちに力を与え、真理を教え、導いてくださいます。何という喜びであり、特権でしょう！

1. この文章で大切だと思うことを見つけてください。
   ヨハネ 14：15-21 を読んでください。
2. 一番印象的な聖書箇所はどこですか？　なぜですか？
3. なぜイエス様は弟子たちのもとを去っていったのでしょうか？

ペンテコステの出来事

使徒1：8「しかし、聖霊があなたがたの上に臨むとき、あなたがたは力を受けます。そして、エルサレム、ユダヤとサマリアの全土、さらに地の果てまで、わたしの証人となります。」

　キリストの復活から50日目のペンテコステの祭りの日に、約束の聖霊がくだりました。突然激しい風が吹き、炎のような舌が人々の上にとどまりました。キリストの死の前後、不信仰で臆病だったペテロと弟子たちが、復活のイエス様に出会い、聖霊の力を受けて変えられたのです。聖霊に満たされたペテロは、以下のような説教をしました。

使徒2：38「そこで、ペテロは彼らに言った。『それぞれ罪を赦していただくために、悔い改めて、イエス・キリストの名によってバプテスマを受けなさい。そうすれば、賜物として聖霊を受けます。』」

　ペテロのメッセージを聞いた人々は悔い改め、洗礼を受けました。何とその日に3千人が救われました。これが初代教会の始まりであり、この教会が現在でも全世界に広がり、使徒29章が続いています。あなたも使徒29章の一員です。

Ⅰコリント6：19「あなたがたは知らないのですか。あなたがたのからだは、あなたがたのうちにおられる、神から受けた聖霊の宮であり、あなたがたはもはや自分自身のものではありません。」

1.　この文章で大切だと思うことを見つけてください。
　　　使徒2：1-4、36-41を読んでください。
2.　一番印象的な聖書箇所はどこですか？　なぜですか？
3.　このレッスンから何を適用したいですか？　具体的に！

祈り

　神様、私に力を与え、真理を教え、導いてくださる聖霊様が来て、私のうちに住んでくださり、感謝します。聖霊様を歓迎します。アーメン。

聖霊の実を結ぶ

 ## アイスブレイクタイム！

1. あなたは、聖霊を受けてどのように変えられましたか？
2. 自分の中に、善と悪が住んでいると感じたことがありますか？

 ## どう思いますか？

新しい人と古い人

私たちが「イエスは主である」と告白した時に、聖霊が私たちの中に住んでくださいます。しかし、私たちの中には、霊と肉、新しい人と古い人の両方が住んでいます。

ある人が言いました。私たちの中には黒い豚と白い豚が住んでいます。どちらの豚が勝つでしょうか？　よりたくさん餌をもらった豚が勝ちます。自分をこの世的な環境に置き、誘惑に負けるなら、黒い豚が支配します。しかし、霊的な環境で神様のみこころに従うなら、白い豚が勝利します。

聖霊の実

ガラテヤ5章は、聖霊の実について教えています。ここで言う愛とは、感情的な愛ではなく、神様の無条件の愛を受けて、神様と人々を愛することです。喜びは、状況にとらわれる喜びではなく、神様に根ざした喜びです。平安は、心に心配ではなく、安心があることです。

寛容は、難しい状態でも忍耐力を持って継続することです。親切は、相手の身になって思いやりを持つことです。善意は、好意的に相手の言動をとらえることです。誠実は、いろいろなことがあっても継続的に神様と人に仕え続けることです。柔和は、高ぶりやプライドを持つことなく、学び続けることです。自制は、自分をコントロールできることです。

1. この文章で大切だと思うことを見つけてください。
    ガラテヤ5：16-26 を読んでください。
2. 一番印象的な聖書箇所はどこですか？　なぜですか？
3. 聖霊の実の中で、あなたが強い部分と弱い部分を分析してください。

聖霊に満たされ続ける

①あなたの体は聖霊の宮である

Ⅰコリント 6：19-20「あなたがたは知らないのですか。あなたがたのからだは、あなたがたのうちにおられる、神から受けた聖霊の宮であり、あなたがたはもはや自分自身のものではありません。あなたがたは、代価を払って買い取られたのです。ですから、自分のからだをもって神の栄光を現しなさい。」

あなたが自覚していなくても、聖霊はあなたの体のうちに住んでいます。感覚に頼るのではなく、聖書が宣言していることを信じましょう。聖霊の宮として、ふさわしい生活をしましょう。聖霊は車のエンジンのように、私たちに力を与え、真理を教えてくださいます。

②肉に生きるのではなく、霊に生きる

ガラテヤ 5：24-25「キリスト・イエスにつく者は、自分の肉を、情欲や欲望とともに十字架につけたのです。私たちは、御霊によって生きているのなら、御霊によって進もうではありませんか。」

残念ながら、私たちがクリスチャンになっても、試練や誘惑はあります。私たちの中から、簡単に古い自分、肉の思いが出てきます。それらに勝利するためには、一度だけではなく、毎日、毎瞬間戦う必要があります。ですから、日々霊に満たされ、聖霊充満で歩むことを選びましょう。そして、主の栄光のために豊かな実を結びましょう。

1. この文章で大切だと思うことを見つけてください。
   Ⅰコリント 6：12-20 を読んでください。
2. 一番印象的な聖書箇所はどこですか？　なぜですか？
3. このレッスンから何を適用したいですか？　具体的に！

祈り

神様、あなたの霊に日々満たされ、聖霊の実を豊かに結ぶことができるように導いてください。アーメン。

アイスブレイクタイム！

1. あなたが体験したり、聞いたことのある超自然現象について話してください。
2. 悪魔の存在を信じますか？　なぜですか？

どう思いますか？

見えなくても存在するもの

目に見えなくても存在するものは、たくさんあります。携帯電話の電波は見ることができませんが、通話やメールを通して存在することが分かります。花粉も肉眼では見えませんが、春頃に涙目と鼻水などの花粉症の人を見ると、花粉が飛んでいるというのが分かります。

聖書ははっきりと、目には見えないが神が存在し、また悪魔も存在することを教えています。

Ⅰペテロ5：8「**身を慎み、目を覚ましていなさい。あなたがたの敵である悪魔が、吠えたける獅子のように、だれかを食い尽くそうと探し回っています。**」

悪魔の存在

著者はクリスチャンになってからも疑いの心があり、聖書に書いてある悪魔の存在をあまり信じていませんでした。しかし、ある牧師が悪霊追い出しをするのに立ち会うことになりました。目の前で男性の人格が変わり、9つの全く違う声で話すのを目撃しました。何度もそのような体験を目撃し、悪魔の存在を認めざるをえませんでした。

悪魔は断食を終えたイエス様に、食べ物を勧めて誘惑しました。しかしイエス様は、みことばで対抗しました。イエス様を見習いましょう！

1. この文章で大切だと思うことを見つけてください。
   マタイ4：1-11 を読んでください。
2. 一番印象的な聖書箇所はどこですか？　なぜですか？
3. あなたはどのみことばを覚えて、悪魔に勝利したいですか？

バイブルタイム！

The Devil

神の武具

悪魔は、堕天使ルシファー、サタン、神と人との分離をねらうディアボロスとも呼ばれています。聖書は、悪魔について詳しいことは教えていませんが、悪魔は高慢のゆえに天国から追放され、堕天使となったと言われています（イザヤ14：12-14）。

悪魔は、神様の被造物である人間をねたみ、憎み、不信仰に導こうとしています。イエス・キリストは十字架で悪魔と死に勝利を取り、悪魔は敗北したのですが、イエス様がもう一度この世に現れるまで悪魔は活動しています。ですから、私たちはしっかりと神の武具を身につけ、戦う必要があります。

①真理の帯：真理が中心となり、武具が結び合わされます。

②正義の胸当て：自分の考え、思いではなく、聖書に基づいた正しさを胸当てとします。

③足には平和の福音の備え：イエス様の福音が私たちの土台の足場になります。

④信仰の盾：これにより不信仰、心配から守られます。

⑤救いのかぶと：一方的な恵みにより、救いの確信が与えられています。

⑥御霊の剣：聖書が攻撃のための武器となります。そしていつでもどこでも祈り、主につながりましょう！

ヨシュア1：9「わたしはあなたに命じたではないか。強くあれ。雄々しくあれ。恐れてはならない。おののいてはならない。あなたが行くところどこででも、あなたの神、主があなたとともにいるのだから。」

1.　この文章で大切だと思うことを見つけてください。
　　　エペソ6：10-20を読んでください。.

2.　一番印象的な聖書箇所はどこですか？　なぜですか？

3.　このレッスンから何を適用したいですか？　具体的に！

祈り

神様、あなたの武具で悪魔に立ち向かえますように。アーメン。

永遠の天国

 ## アイスブレイクタイム！

1. 死んだ後に行く場所を、しっかりと知っている利点は何ですか？
2. 天国で神様にどんな質問をしたいですか？

 ## どう思いますか？

国籍は天に

次郎君は、在日韓国人として生まれました。彼は日本の社会の中で、いろいろな差別を受け、傷つきました。しかし、韓国へ行ってもあまり言葉を話せないし、違いを強く感じました。自分はどこに属しているのか？　自分の居場所はどこなのか？　そんな苦しみの中で、ピリピ3：20が彼の人生を変えました。「しかし、私たちの国籍は天にあります。そこから主イエス・キリストが救い主として来られるのを、私たちは待ち望んでいます。」

永遠の天国

人間がどれだけ頑張っても、すべての人に老い、死がやってきます。しかし、キリストを救い主として信じている者には、永遠の天国が約束されています。私たちは有限なので、永遠の天国をはっきりと知ることは不可能ですが、聖書は私たちが天国に目を向け、天に宝を貯め、待ちこがれるべきことを教えています。

この世は永遠に続くわけではなく、最後の審判の後、主が新しい天と地を創造されます。天国では、神様がずっと共にいてくださいます。天国では死、悲しみ、苦しみ、呪い、病もなく、主が涙をぬぐい取ってくださいます。天国に永遠の希望があります。

1.　この文章で大切だと思うことを見つけてください。
　　　黙示録 21：1-8、22：1-6 を読んでください。
2.　一番印象的な聖書箇所はどこですか？　なぜですか？
3.　天国で何が一番楽しみですか？

与えられた天国

ヨハネ3：16「**神は、実に、そのひとり子をお与えになったほどに世を愛された。それは御子を信じる者が、一人として滅びることなく、永遠のいのちを持つためである。**」

　この聖句は聖書の中で最も有名な箇所で、聖書の内容がよくまとめられています。

　神様は何百年、何千年と人間の不従順を忍耐してこられました。神様のしもべ、預言者を送り、神の愛、救いを語り続けてきました。それでも十分ではないので、愛の最終兵器としてご自分のひとり子イエス・キリストを地上に送り、全人類の罪の身代わりとしました。そのプレゼントを受け取る者が、永遠の天国を与えられます。

天国でできないこと

　天国でできないことが二つあります。一つ目は罪を犯すこと、二つ目は伝道することです。天国では、すべての人が信じているので、伝える必要がないのです。この最高の知らせを受け取っている私たちは、何とかして一人でも多くの人が、永遠の地獄へ行く代わりに天国へ行くために働きます。

黙示録 21：8「**しかし、臆病な者、不信仰な者、忌まわしい者、人を殺す者、淫らなことを行う者、魔術を行う者、偶像を拝む者、すべて偽りを言う者たちが受ける分は、火と硫黄の燃える池の中にある。これが第二の死である。**」

1. この文章で大切だと思うことを見つけてください。
   Ⅱコリント 5：11-21 を読んでください。
2. 一番印象的な聖書箇所はどこですか？　なぜですか？
3. このレッスンから何を適用したいですか？　具体的に！

祈り

　神様、私に永遠の天国を与えてくださって感謝します。その恵みを他の人にも伝えることができますように。アーメン。

アイスブレイクタイム！

1. 迷ったけど、決断してよかったことについて話してください。
2. 洗礼の経験について話してください。

 ## どう思いますか？

なぜ洗礼？

洗礼とは、ギリシア語のバプテスマという言葉で、水の中に沈むことを意味します。キリストが私たちの罪のために死に、葬られ、3日目によみがえられたことを信じる人が洗礼を受けます。洗礼は卒業式ではなく、入学式のようなものです。聖書を全部読んだ人、真面目な人が洗礼を受けられるのではなく、洗礼に必要なのは、イエス様の愛を受け取り、信じる信仰です。

①聖書が命令しているから

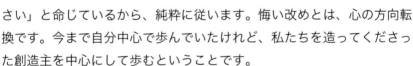

使徒2：38「そこで、ペテロは彼らに言った。『それぞれ罪を赦していただくために、悔い改めて、イエス・キリストの名によってバプテスマを受けなさい。そうすれば、賜物として聖霊を受けます。』」

神の言葉である聖書が「洗礼を受けなさい」と命じているから、純粋に従います。悔い改めとは、心の方向転換です。今まで自分中心で歩んでいたけれど、私たちを造ってくださった創造主を中心にして歩むということです。

②イエス様も洗礼を受け、見本となってくださいました

マタイ3：16「イエスはバプテスマを受けて、すぐに水から上がられた。すると見よ、天が開け、神の御霊が鳩のようにご自分の上に降って来られるのをご覧になった。」

1. この文章で大切だと思うことを見つけてください。
   マタイ3：13-17を読んでください。
2. 一番印象的な聖書箇所はどこですか？　なぜですか？
3. 何が洗礼の決断を邪魔しますか？

神の家族の一員

③洗礼を受けて、正式な神の家族の一員になります

Ⅰコリント12：13「私たちはみな、ユダヤ人もギリシア人も、奴隷も自由人も、一つの御霊によってバプテスマを受けて、一つのからだとなりました。そして、みな一つの御霊を飲んだのです。」

　正式な神の家族の一員になるためには、バプテスマが必要です。同じ信仰を持ってキリストの体を建て上げていきます。なんという特権でしょう！　神の家族同士で愛し合い、助け合い、本当の仲間になります。

エペソ2：19「こういうわけで、あなたがたは、もはや他国人でも寄留者でもなく、聖徒たちと同じ国の民であり、神の家族なのです。」

④自分が信じていることを行動で表す

Ⅰヨハネ2:3「もし私たちが神の命令を守っているなら、それによって、自分が神を知っていることが分かります。」

　口だけで、行動に移さない人がいます。それはよくありません。また、イエス様もこのように言われています。

マタイ10：32「ですから、だれでも人々の前でわたしを認めるなら、わたしも、天におられるわたしの父の前でその人を認めます。」

　洗礼式は、全身が水につかり、古い自分の罪が沈められ、また水から起き上がることで、キリストが復活したように新しいいのちをいただくという霊的な復活を象徴しています。

1.　この文章で大切だと思うことを見つけてください。
　　　ローマ6：1-10を読んでください。
2.　一番印象的な聖書箇所はどこですか？　なぜですか？
3.　このレッスンから何を適用したいですか？　具体的に！

祈り

　神様、洗礼によって正式な神の家族の一員になれることを感謝します。復活の新しいいのちに生かされて歩みます。アーメン。

35

聖書を学ぶ方法

アイスブレイクタイム！

1. あなたが好きな聖書箇所はどこですか？　なぜ？
2. どのようにしたら、聖書からよりよく学べますか？

どう思いますか？

聖書を学べる特権

　聖書66巻は、間違いなき神のことばで、神様の愛を伝える人生のガイドブックです。そこから学び、成長することは不可欠です。聖書を学ぶための基本的方法を見ていきましょう。

①時間を作る

　時間を浪費するのは簡単です。家に帰ったらすぐにテレビをつけ、ネットサーフィンをし、電車ではスマホで遊んだりします。現代人は忙しすぎます。静寂の欠如でストレスを感じたり、迷ってしまったりします。定期的に聖書を学べる静かな時間を計画し作ってください。

②みことばを聞く

　クリスチャンになると、メッセージや聖書の学びを聞く機会が多くなります。イエス様は「聞く耳のある者は聞きなさい」と言いました。謙虚な姿勢と飢え渇いた心が大切です。人間は忘れやすいので、聞いたことを書き留めるのもお勧めです。

③適用する

　行動なき信仰は死んでいます。聖書を読みながら、このみことばはその当時の人にとってどのような意味だったか、そして現代の自分に適用できる法則は何かを考えてください。良い適用は、具体的、現実的、個人的です。

1. この文章で大切だと思うことを見つけてください。
   　　ヤコブ2：14-26を読んでください。
2. 一番印象的な聖書箇所はどこですか？　なぜですか？
3. どのようにして、聖書を学ぶ時間を確保したいですか？

バイブルタイム！

みことばに生きるために

④みことばを読む

　自分の好きな箇所だけや、行き当たりばったりで聖書を読む人がいますが、好き嫌いは良くありません。旧約と新約の両方を計画的に読みましょう。みことばを文脈の流れで理解することが大切です。そして聖書の中の人物の失敗を読んだ時、裁くのではなく、自分自身に照らし合わせて、行動を新しくしましょう。スタディーバイブルや、いろいろな訳の聖書を読むのもお勧めです。

⑤黙想する

　心の中でじっくりとみことばを思いめぐらせ、霊的な栄養を吸収します。その場面を思い描いて自分自身に当てはめてください。みことばを黙想し、希望と励ましをいただきましょう。

　多くの人は、自信がなかったり間違ったセルフイメージを持っていたりしますが、みことばがあなたを造り変え、愛、勇気、知恵を与えてくれます。

⑥リーダーからチャレンジを受ける

　現代の教会の弱点は「口だけで行動がないこと」だと言われています。聖書を知っているだけでは十分ではありません。みことばに生きることが大切です。あなたのリーダーがチャレンジし、叱る時もありますが、それはあなたがみことばに生きるためです。また聖書がそうするように命令しています。

　1.　この文章で大切だと思うことを見つけてください。
　　　Ⅱテモテ４：1-8 を読んでください。
　2.　一番印象的な聖書箇所はどこですか？　なぜですか？
　3.　このレッスンから何を適用したいですか？　具体的に！

祈り

　神様、あなたのみことばを学び、みことばに生きることができるよう、私を励まし、導いてください。アーメン。

How To Study The Bible

36

いつでも賛美

 ## アイスブレイクタイム！

1. あなたの好きな賛美の曲は何ですか？
2. なぜ賛美をするべきだと思いますか？

 ## どう思いますか？

喜びの声を上げる

人間には、嬉しい時に歌ったり、大きな声を上げたりする本能があります。阪神タイガースが優勝した時、ファンは「六甲おろし」を歌い、喜びのパーティーを開きます。礼拝は、みんなで集まり、感謝と賛美をささげるパーティーのようなものです。また賛美とは、教会に集まって歌うだけではありません。いつでもどこでも、私たちは賛美し、祈ることができます。

詩篇34:3「私とともに主をほめよ。一つになって　御名をあがめよう。」

感謝のささげもの

賛美とは自分のためではなく、主へのささげものです。賛美や礼拝の主人公は、神様です。私たちは神様を忘れて自己中心になり、よく不満や不安を持ちます。しかし、賛美で神様への感謝、主の偉大さを何度も何度も宣言し、神様にささげものをすることにより、神様中心の生活に戻されます。

コロサイ3：15-16「キリストの平和が、あなたがたの心を支配するようにしなさい。そのために、あなたがたも召されて一つのからだとなったのです。また、感謝の心を持つ人になりなさい。キリストのことばが、あなたがたのうちに豊かに住むようにしなさい。知恵を尽くして互いに教え、忠告し合い、詩と賛美と霊の歌により、感謝をもって心から神に向かって歌いなさい。」

1. この文章で大切だと思うことを見つけてください。
   詩篇100：1-5 を読んでください。
2. 一番印象的な聖書箇所はどこですか？　なぜですか？
3. 賛美を通して触れられた経験を話してください。

バイブルタイム！

いつでもどこでも賛美！

①聖書が教える賛美

詩篇 47：1「すべての国々の民よ　手をたたけ。喜びの声をもって　神に大声で叫べ。」

詩篇 143：6「あなたに向かって　私は手を伸べ広げ　私のたましいは乾ききった地のように　あなたを慕います。」

　嬉しい時は手を叩き、叫びます。また手を上げるのは、神様あなたに降参します、委ねます、受け取りますという姿勢です。「ハレルヤ」はヘブル語で「主をほめたたえよ」という意味です。

②人の目を気にしないで、神様の目を気にする

　Ⅱサムエル 6:14 でダビデ王は、自分の町に主の箱が来た時、喜び踊りました。子どものようにあまりにも夢中で賛美し踊ったので、妻のミカルは見下げました。しかし、そのミカルは主の裁きを受けました。ダビデは、人の目よりも何よりも、神様のことを思って賛美しました。私たちも見習いましょう！

③賛美はライフスタイル

詩篇 34：1「私はあらゆるときに　主をほめたたえる。私の口には　いつも主への賛美がある。」

　私たちは、いつでもどこでも賛美します。賛美を通して神様に栄光を帰し、主の愛、御業を思い起こし、宣言します。賛美は私たちの力、癒やし、励ましになります。パウロとシラスは鞭打たれ、獄中に入れられました。そんなピンチの中でも主を崇め賛美し、奇跡が起こりました。

1.　この文章で大切だと思うことを見つけてください。
　　　使徒 16：22-33 を読んでください。
2.　一番印象的な聖書箇所はどこですか？　なぜですか？
3.　このレッスンから何を適用したいですか？　具体的に！

祈り

神様、いつも賛美を通してあなたに栄光を帰します。アーメン。

アイスブレイクタイム！

1. あなたは誰と、どんなことをよく話しますか？
2. あなたが祈りやすい場所と時間を教えてください。

 # どう思いますか？

最高の特権

クリスチャンは、天地を創造した、全知全能の神様に祈ることができます。祈りは神様との会話、コミュニケーションの時です。これは私たちに与えられた、はかり知れない特権です。

①ありがとうの祈り、感謝の祈り

詩篇 103：2「わがたましいよ　主をほめたたえよ。主が良くしてくださったことを何一つ忘れるな。」

主が主であることを感謝します。神様が神様であることを感謝します。天地を創造してくださったこと、キリストが十字架で罪のあがないのために死に、3日目によみがえったこと、信じる者に救いを与えてくださることを感謝します。聖霊を送り、私たちと共にいてくださることに感謝します。人間は、ないものにフォーカスを当てて不平をつぶやく性質があります。主に与えられているもの、感謝なことを思い出しましょう。感謝のノートを作ることをお勧めします。

②今日という日を感謝しましょう

私たちが今日生かされているのは、当然ではなく一方的な恵みです。今日は偶然ではなく、一日しかない神様からの最高のプレゼントです。

哀歌 3：22-23「実に、私たちは滅び失せなかった。主のあわれみが尽きないからだ。それは朝ごとに新しい。『あなたの真実は偉大です。』」

1. この文章で大切だと思うことを見つけてください。
   詩篇 103：1-12 を読んでください。
2. 一番印象的な聖書箇所はどこですか？　なぜですか？
3. 神様にどんな事を感謝したいですか？

バイブルタイム！

具体的な祈り

③ごめんなさいの祈り、悔い改めの祈り

Ⅰヨハネ 3:15「**兄弟を憎む者はみな、人殺しです。あなたがたが知っているように、だれでも人を殺す者に、永遠のいのちがとどまることはありません。**」

人と比べてよいかどうかでなく、神様の基準から見て正しいかどうかです。Ⅰヨハネ 3:15 は、兄弟に対して憎しみを持っただけでも人殺しであると言っています。神様は、私たちのすべての心の思いを知っています。行動に起こさなくても、思うだけでも罪なのです。だからこそ、私たちには日々の悔い改めが必要なのです。

有名な宣教師のウオッチマン・ニーは、「今日、あなたは悔い改めをしましたか？」と、いろいろな人に挨拶のように聞きました。彼は、悔い改めが大切だということをよく知っていました。もし私たちの中に罪があるならば、神様との関係の邪魔になり、罪の上に罪を重ねたり、罪悪感に支配されたり、悪魔がその罪を利用しようとしたりします。

Ⅰヨハネ 1:9「**もし私たちが自分の罪を告白するなら、神は真実で正しい方ですから、その罪を赦し、私たちをすべての不義からきよめてくださいます。**」

神様に正直に罪を言い表せば、赦し、聖めてくださいます。「神様、私が知って犯した罪、知らないで犯した罪をごめんなさい」とも祈ることができます。日々悔い改めて、罪から解放され続けて、イエス様に似た者へと近づいていきましょう。

1. この文章で大切だと思うことを見つけてください。
   詩篇 32：1-11 を読んでください。
2. 一番印象的な聖書箇所はどこですか？　なぜですか？
3. このレッスンから何を適用したいですか？　具体的に！

祈り

神様、あなたに祈ることができるから感謝します。アーメン。

アイスブレイクタイム！

1. 求め続けて与えられたことについて話してください。
2. どうしたら、みこころと私心（自分の欲望）の違いが分かりますか？

 # どう思いますか？

祈りの見本

④みこころを求める祈り

マタイ 26：39「**それからイエスは少し進んで行って、ひれ伏して祈られた。『わが父よ、できることなら、この杯をわたしから過ぎ去らせてください。しかし、わたしが望むようにではなく、あなたが望まれるままに、なさってください。』**」

　イエス様は十字架にかかる前夜、血のような汗を流して、悲しみのあまり死ぬほどの状態になりました。そして、「もし可能ならこの盃を過ぎ去らせてください、しかし、主よ、あなたの計画、あなたのみこころがなされますように」と祈りました。これこそ、みこころを求める祈りの、最高の見本です。

　私たちは時として、祈りを通して神様に自分の願っていることをさせようとします。神様が主人で、私たちがしもべです。自分の役割と立場を思い出しましょう。

イザヤ 55：9「**天が地よりも高いように、わたしの道は、あなたがたの道よりも高く、わたしの思いは、あなたがたの思いよりも高い。**」

　多くの場合、神様の考えと私たちの計画は異なります。私たちの道よりも、神様の道のほうがずっと素晴らしいです。私たちが主の計画のお役に立つことができますようにと祈りましょう。

1. この文章で大切だと思うことを見つけてください。
   マタイ 26：36-46 を読んでください。
2. 一番印象的な聖書箇所はどこですか？　なぜですか？
3. あなたの考えと主のみこころが違ったことはありますか？　その時どうしましたか？

バイブルタイム！

求め続けよう

⑤求める祈り

マタイ7：7「**求めなさい。そうすれば与えられます。探しなさい。そうすれば見出します。たたきなさい。そうすれば開かれます。**」

　原文では、この箇所は、「求め続けなさい、探し続けなさい、たたき続けなさい」という意味です。私たちは与えられないとすぐにあきらめてしまいますが、聖書は、信仰と忍耐をもって祈り、求め続けることを教えています。主のみこころが何か分からない時も多くあります。しかし、だからこそあきらめないで祈り求め続けましょう。

　ある人は、神様を頑固なおじいさんのようなイメージでとらえ、なかなか望みを叶えてくれないと思い込んでいます。しかし、神様は子どもを愛する優しい父のように、私たちにベストなものを与えてくださいます。正直に自分の仕事、学校、経済、家族、結婚のために祈りましょう。祈りによって私たちが変えられ、状況も変えられます。

リバイバルの要因

　韓国のリバイバルの大きな要因は、祈りだと言われています。特に多くの婦人たちが朝早く起きて神様に叫び、祈り求め続けました。その結果、現在の韓国人口の 20% 以上がクリスチャンと言われています。

　ルカ 18 章では、良くない裁判官について話されています。やもめが何度も求め続けるなら、不正な裁判官でさえも聞いてくれます。まして、愛に満ちた天の神様は、どれほど助けてくださることでしょう！

1. この文章で大切だと思うことを見つけてください。
   ルカ 18：1-8 を読んでください。
2. 一番印象的な聖書箇所はどこですか？　なぜですか？
3. このレッスンから何を適用したいですか？　具体的に！

祈り

　神様、あなたが私の祈りを聞いてくださるから感謝します。あなたを信頼して祈り続けることができますように。アーメン。

アイスブレイクタイム！

1. 祈りが聞かれた経験を話してください。
2. 祈る時、人の目が気になってしまった経験があれば、話してください。

どう思いますか？

神様のパートナー

⑥とりなしの祈り

Ⅰテモテ2：1「そこで、私は何よりもまず勧めます。すべての人のために、王たちと高い地位にあるすべての人のために願い、祈り、とりなし、感謝をささげなさい。」

　神様は全知全能ですが、私たちをパートナーとして選び、私たちの祈りを通して、この世を変えてくださいます。また聖書は、高い地位の人たちのために祈れと教えています。彼らがうまく治めると、その祝福が私たちにも与えられます。あなたの国や会社のリーダー、牧師、社長、上司たちのために祈りましょう。

　自分のために祈ることも必要ですが、他の人のために熱心に祈るのは、本当に素晴らしいことです。イエス様は一晩中祈り、十二弟子を選びました（ルカ6：12）。ぜひ、あなたが伝道、弟子化したい人を選び、具体的に祈り、行動しましょう。

モーセの祈り

　ヨシュアとイスラエル軍は、アマレクと戦いました。モーセが手を上げて祈っている間は、ヨシュアは優勢に戦い、モーセが疲れて手が下がっている時には敵が優勢になりました。アロンとフルがしっかりとモーセの手を支えると、ヨシュアは勝利を取りました。ここから、とりなしの祈りの重要性について学ぶことができます。

1. この文章で大切だと思うことを見つけてください。
   出エジプト17：8-14を読んでください。
2. 一番印象的な聖書箇所はどこですか？　なぜですか？
3. あなたは特に誰のために祈るべきですか？

教えられたように祈る

⑦イエス様の教えた祈り

マタイ6：7「また、祈るとき、異邦人のように、同じことばをただ繰り返してはいけません。彼らは、ことば数が多いことで聞かれると思っているのです。」

　マタイ6章でイエス様は、偽善者のように、人によく思われるために祈らないこと、また「くどくど」祈らないことを教えています。人前で祈る時、神様を意識するより周りの人を意識してしまい、霊的に思われようとする誘惑があります。

　「専門用語で長く祈ると霊的に見える」と思うかもしれませんが、祈りの時に特別な言葉遣いをする必要はありませんし、自分の言葉でシンプルに祈れば大丈夫です。信仰歴の短い兄弟姉妹も、これなら自分も祈ることができると思うでしょう。

ヨハネ15：16「……また、あなたがたがわたしの名によって父に求めるものをすべて、父が与えてくださるようになるためです。」

ヨハネ16：23「……わたしの名によって父に求めるものは何でも、父はあなたがたに与えてくださいます。」

　イエス様は、「わたしの名」すなわち「イエス様の御名によって」祈りなさいと教えています。私たちには何の力も権威もありませんが、イエス様が、天のお父様との仲介者となってくださいました。イエス様の御名で祈るとは、その権威によって祈ることであり、だからこそ主が応えてくださるのです。

1. この文章で大切だと思うことを見つけてください。
   マタイ6：5-8を読んでください。
2. 一番印象的な聖書箇所はどこですか？　なぜですか？
3. このレッスンから何を適用したいですか？　具体的に！

祈り

神様、あなたの御名によって祈る特権を感謝します。アーメン。

アイスブレイクタイム！

1. 怒り続けると、どのような悪影響がありますか？

2. あなたは根に持つタイプですか？　持たないタイプですか？

 # どう思いますか？

怒りの影響

　ある少年が、自分の父親に対して強い怒りを持っていました。彼の心に怒りが住みつき、すべての人間関係に影響を与えました。友達、恋人、職場でもすぐに怒って喧嘩をして、長続きしません。結婚して子どもが与えられたのですが、あれほど嫌っていた自分の父と同じ行為を、自分の子どもにしていました。人は、触れたものに似ます。彼は父への怒りを何度も思い出しながら、いつの間にか父親と同じ行動をしていました。神様は、あなたにこのような惨めな人生を歩んでほしくありません。

エペソ 4:26-27「**怒っても、罪を犯してはなりません。憤ったままで日が暮れるようであってはいけません。悪魔に機会を与えないようにしなさい。**」

復讐を委ねる

　誰でも、怒りを持つことはあります。しかし、聖書は「日が暮れるまで怒り続けてはいけない、悪魔に機会を与える」と教えています。

ローマ 12：19「**愛する者たち、自分で復讐してはいけません。神の怒りにゆだねなさい。こう書かれているからです。『復讐はわたしのもの。わたしが報復する。』主はそう言われます。**」

　復讐はあなたがすることではなく、神様の役割です。主を信じて、復讐を神様に委ねて、自由になって歩みましょう！

1.　この文章で大切だと思うことを見つけてください。
　　　エペソ 4：25-32 を読んでください。
2.　一番印象的な聖書箇所はどこですか？　なぜですか？
3.　誰かに赦された経験、または赦した経験を話してください。

How To Deal With Anger

何度まで赦す？

マタイ6：14-15「もし人の過ちを赦すなら、あなたがたの天の父もあなたがたを赦してくださいます。しかし、人を赦さないなら、あなたがたの父もあなたがたの過ちをお赦しになりません。」

　この当時の律法学者たちは、3度赦しなさいと教えていました。ペテロはそれよりも多く、7度まで赦せばいいですかとイエス様に聞いたのですが、イエス様の答えは7度の70倍赦しなさいというものでした。これは、490回赦せばいいということではありません。何度でも赦しなさいということです。

借金のあるしもべ

　マタイ18章のたとえ話では、王様に1万タラントの借金のあるしもべが登場します。これは20万年分の労働賃金に当たります。しもべは、王様に懇願して赦されました。しかし、赦されたしもべは、自分に100デナリ（100日分の賃金）の借金をしている者を赦しませんでした。それを聞いた王様は、そのしもべを牢屋に閉じ込めました。

　私たちは、つぐないきることのできない罪を、一方的な十字架の恵みで赦されました。1万タラントの借金があるしもべと同じです。私たちは赦しを受けた者として、他の人を赦すべきです。

　人間には、神様の御前に出て、すべての行いに対して裁かれる時があります。この世ではずる賢く隠していた人がいても、全知全能の主はすべてをご存じで、裁きをなさいます。ですから、自分で裁くのではなく、主を信頼して、委ねて歩むことができます。

1. この文章で大切だと思うことを見つけてください。
　　マタイ18：21-35を読んでください。
2. 一番印象的な聖書箇所はどこですか？　なぜですか？
3. このレッスンから何を適用したいですか？　具体的に！

祈り

神様、怒りにとらわれず、あなたにお委ねできますように。アーメン。

41

感謝の習慣

 # アイスブレイクタイム！

1. 感謝の生活を邪魔するものは、何だと思いますか？
2. あなたの人生で、神様にどんなことを感謝できますか？

 # どう思いますか？

感謝の習慣

あるところに、不平村と感謝村がありました。不平村の人は、春がくると花粉が増えたと文句を言い、夏になると暑くて電気代が上がると文句を言い、秋になると寂しくて食べ過ぎてしまうと文句を言い、冬になると寒いと、一年中不平を言い続けました。

感謝村の人は、どんなことにも感謝しました。春には花の香りを感謝し、夏には涼しい木陰を感謝し、秋にはおいしい食べ物に感謝し、冬には白く積もる雪に感謝しました。この二つの村は、何が違うのでしょうか？　習慣の違いです。感謝村には感謝の習慣があり、不平村には不平の習慣がありました。あなたは、どちらの村に住んでいますか？⁽⁵⁾

すべてに感謝

Ⅰテサロニケ5：18「**すべてのことにおいて感謝しなさい。これが、キリスト・イエスにあって神があなたがたに望んでおられることです。**」

聖書は、簡単に変わる状況に基づく感謝ではなく、「神が神であること」に基づいて感謝しなさいと教えています。神様はあなたを造り、あなたを赦し続け、あなたを愛しています。ですから、いつでも感謝できます。

1. この文章で大切だと思うことを見つけてください。
   ピリピ4：4-9 を読んでください。
2. 一番印象的な聖書箇所はどこですか？　なぜですか？
3. どうしたら、感謝を習慣にできますか？

The Habit Of Giving Thanks

感謝の理由

ローマ8：28「**神を愛する人たち、すなわち、神のご計画にしたがって召された人たちのためには、すべてのことがともに働いて益となることを、私たちは知っています。**」

　クリスチャンは、たとえどんな状況でも神様の御手の中で生かされ、主がベストへと導いてくれることを知っています。ですから、どんな時でも感謝できます。

脱出の道

Ⅰコリント10：13「**あなたがたが経験した試練はみな、人の知らないものではありません。神は真実な方です。あなたがたを耐えられない試練にあわせることはなさいません。むしろ、耐えられるように、試練とともに脱出の道も備えていてくださいます。**」

　苦しみの中にあったとしても、神様は耐えられないような試練は与えず、脱出の道も与えてくださいます。苦難を通して訓練され、神様に近づくことができます。この世で苦難や戦いはありますが、永遠の天国が約束され、すべての涙はぬぐい取られます。ですから、どんな時でも感謝できます。

　10人の人がイエス様によって癒やされたのに、1人だけが主のもとに帰ってきて、感謝をささげました。感謝し続ける人は、少ないかもしれません。しかし私たちは、日々主の愛に駆り立てられ、主に感謝する者となりましょう。

1.　この文章で大切だと思うことを見つけてください。
　　　ルカ17：11-19を読んでください。
2.　一番印象的な聖書箇所はどこですか？　なぜですか？
3.　このレッスンから何を適用したいですか？　具体的に！

祈り

　神様、どんな時も。どんな状況でも、あなたに感謝することができますように。アーメン。

42

言葉の力

 ## アイスブレイクタイム！

1. あなたが言われて、嬉しかった言葉は何ですか？
2. 言葉で失敗した経験を話してください。

 ## どう思いますか？

言葉の力

　舌は、私たちの体の中の小さな部分ですが、とても大きな力を持っています。ある人は、「しんどい、疲れた、もうダメだ、寒い、暑い、でも、だけど、無理、最悪」など、否定的な言葉で周りを引き下げます。しかし、私たちは周りの人々、教会、会社、家庭、チームを建て上げる、信仰的、肯定的言葉を発しましょう。

詩篇 33:6「主のことばによって　天は造られた。天の万象もすべて　御口の息吹によって。」

　神様は「光、あれ」と宣言されました。すると光が存在しました。神様は、言葉によって天地を創造されました。聖書は、言葉には力があることを教えています。

信仰の言葉

　モーセは、イスラエルの 12 人のリーダーを約束の地へ偵察に行かせました。しかし、10 人のリーダーは否定的な心と言葉で帰ってきました。民はそれを聞き、泣き叫んでモーセに不平不満を言いました。

　逆に、ヨシュアとカレブは信仰的、肯定的発言をしました。自分たちを奇跡的にエジプトから連れ出し、紅海を二つに割る神様が共にいてくださるから、何も恐れることはないと発言しました。ヨシュアとカレブから、言葉の使い方を学びましょう！

1.　この文章で大切だと思うことを見つけてください。
　　民数記 13：26-33 を読んでください。
2.　一番印象的な聖書箇所はどこですか？　なぜですか？
3.　ヨシュアとカレブのように発言するためには、どうしたらいいですか？

舌を守る

ルカ6：45「**良い人は、その心の良い倉から良い物を出し、悪い人は、悪い倉から悪い物を出します。人の口は、心に満ちていることを話すからです。**」

言葉には、心で思っていることが自然と出てしまいます。だからこそ、私たちの心を神様の愛と聖書のみことばで満たし、日々新しくされていく必要があります。

箴言21：23「**自分の口と舌を守る者は、自分自身を守って苦難にあわない。**」

舌を守るとは、思いついたことをすぐに口に出すのではなく、よく考え、祈り、発言することです。

環境と友達

良い環境と友達を選ぶことも大切です。いつも文句や悪口ばかり言っている友達と一緒にいると、あなたも似た人になってしまいます。陰口を言わなくても、陰口を聞いているだけでゴシップに参加していることになります。悪魔は、舌を使って人々を分裂や苦しみに導こうとします。

エペソ4：29「**悪いことばを、いっさい口から出してはいけません。むしろ、必要なときに、人の成長に役立つことばを語り、聞く人に恵みを与えなさい。**」

人を馬鹿にしたり、傷つけて面白がる人がいますが、それは間違いです。私たちは人々を励まし、建て上げる言葉を放ちましょう。いつも主をほめたたえることを忘れず、みことばを暗記して宣言しましょう！

1. この文章で大切だと思うことを見つけてください。
   ヤコブ3：1-12を読んでください。
2. 一番印象的な聖書箇所はどこですか？　なぜですか？
3. このレッスンから何を適用したいですか？　具体的に！

祈り

神様、人々を励まし、建て上げる言葉を発せますように。アーメン。

アイスブレイクタイム！

1. ギブアップして後悔したことについて話してください。
2. なぜ人々は、途中であきらめてしまうと思いますか？

 # どう思いますか？

ヨセフの忍耐

　神様はノアに、洪水の前に箱舟を造り、すべての動物を一対ずつ入れ、生き残るように指導しました。カタツムリが箱舟に入る様子を想像してみてください。あなたが試練に直面した時、あきらめようと思うかもしれません。聖書は、あきらめてはいけないと教えています。

　ヨセフは、多くの試練を体験しました。しかし、彼は神様を信じることをやめませんでした。ヨセフの父親がヨセフを非常にかわいがるので、兄弟たちは彼に嫉妬心を抱きました。家族が自分にひれ伏しているという夢を見たとヨセフが話した時、兄弟たちの嫉妬は殺意に変わっていきました。

ヨセフの希望

　ヨセフの兄弟はヨセフを殺し、井戸に入れようと考えました。しかし、最終的にはミディアン人の商人に売り渡し、ヨセフはエジプトに住むようになりました。ヨセフは、このような状況でも希望を失いませんでした。神様が共にいることを知っていたからです。

ローマ 5：3-4「**それだけではなく、苦難さえも喜んでいます。それは、苦難が忍耐を生み出し、忍耐が練られた品性を生み出し、練られた品性が希望を生み出すと、私たちは知っているからです。**」

1. この文章で大切だと思うことを見つけてください。
　　創世記 37：28-36 を読んでください。
2. 一番印象的な聖書箇所はどこですか？　なぜですか？
3. どうしたら、より忍耐力を持てますか？

神様がコントロールしている

Ⅱテモテ４：７「私は勇敢に戦い抜き、走るべき道のりを走り終え、信仰を守り通しました。」

　神様は、ヨセフを主人のポティファルのもとで繁栄へと導きました。しかし、ポティファルの妻は、ヨセフを性的に誘惑しました。ヨセフは彼女の執拗な誘惑に勝利したのですが、彼女は自分の言いなりにならないヨセフに怒りを持ち、罪人に仕立て上げ、ヨセフは刑務所に入らなければなりませんでした。

　しかし、神様はヨセフを助け続け、刑務所でもリーダーとなりました。ヨセフに助けられた人は、ヨセフのことを忘れていました。ある日、ファラオ（エジプト王）は奇妙な夢を見ました。神様はその夢の解釈をヨセフに与え、それを通してエジプトの国は大きな飢饉（ききん）を乗り切ることができました。ファラオは、ヨセフをエジプト全体の総督としました。

家族との再会

　飢饉のため、エジプトに作物を買いに来た兄弟たちに再会したヨセフは、非常に驚きましたが、復讐をするのではなく、兄弟に赦しをもって対応しました。ヨセフは家族ともう一度再会し、イスラエルの民族は生き残ることができました。

　キリストに従うことは、簡単で楽な人生を意味するものではありません。しかし、神様はいつでも私たちと共にいることを約束し、主の栄光のために用いてくださいます。そして主に忠実に従う者に、大いなる報酬を約束しています。

　　1.　この文章で大切だと思うことを見つけてください。
　　　　創世記 45：1-8 を読んでください。
　　2.　一番印象的な聖書箇所はどこですか？　なぜですか？
　　3.　このレッスンから何を適用したいですか？　具体的に！

祈り　

　神様、あなたが用意してくださっているものに期待します。アーメン。

44

ルツ　忠誠心

 アイスブレイクタイム！

1. 誰かに裏切られた経験について話してください。

2. なぜ忠誠心は人間関係の中で大切だと思いますか？

 どう思いますか？

忠犬ハチ公

忠犬ハチ公という有名な犬がいます。ハチは、いつも主人が帰ってくる時間に、駅へ迎えに行っていました。しかし、突然ハチの主人が死んでしまいます。主人は死んだのに、ハチは毎日駅へ主人を迎えに行き、9年間、死ぬまで主人を待ち続けました。

人間関係の中で、あきらめることは簡単です。なぜなら、人生や人々は完璧ではないからです。しかし、忠誠心は私たちに一致を与えます。

忠実なルツ

ルツ1:16「**ルツは言った。『お母様を捨て、別れて帰るように、仕向けないでください。お母様が行かれるところに私も行き、住まれるところに私も住みます。あなたの民は私の民、あなたの神は私の神です。』**」

ルツは、忠実な女性でした。モアブに住む未亡人で、姑のナオミと一緒に住んでいました。飢饉がユダから去った時、ナオミは自分の故郷に帰る計画を立てました。そしてナオミは二人の嫁に、自分にはもう彼女たちに与える息子はいないので、住み慣れた土地にとどまり、新しい夫を見つけるように促しました。しかし、ルツはナオミと一緒に、ナオミの故郷に戻ることを決断したのです。簡単ではありませんが、大きな忠誠心です。

1. この文章で大切だと思うことを見つけてください。
   ルツ1:8-18を読んでください。

2. 一番印象的な聖書箇所はどこですか？　なぜですか？

3. あなたは、どうしたらより忠実な者になれますか？

バイブルタイム！

忠実な者を忘れない主

ルツ2：11「ボアズは答えた。『あなたの夫が亡くなってから、あなたが姑にしたこと、それに自分の父母や生まれ故郷を離れて、これまで知らなかった民のところに来たことについて、私は詳しく話を聞いています。』」

ルツは、ボアズの領地で落ち穂拾いをしました。ボアズは、ルツがナオミに対してどれだけ忠実であるかということを聞いていたので、ルツがしっかりと落ち穂の収穫にあずかれるようにしました。

祝福された結婚

ルツが家へ帰った時、姑のナオミは、誰がルツに親切にしてくれたのかと聞きました。ナオミは、ボアズが親切にしてくれたと聞いて非常に喜びました。なぜなら、ボアズは遠い親戚なので、ルツと結婚することが可能でした。ナオミは結婚の計画を考えて、ルツは忠実に従いました。

ボアズは、ルツの素晴らしい性格を知っていたので、ルツとの結婚を喜んでいました。ボアズはルツと結婚する権利を買い取り、神様は二人の間に息子を与えました。そしてルツは、イエス・キリストの直接の先祖となりました。何という特権でしょう。

忠実に歩んでいても、すぐには祝福を得ることができないかもしれません。しかし、神様は忠実さを大切にします。イエス様は、私たちの罪の身代わりとして死んでくださいました。イエス様は、いつでも私たちを誠実に愛し続けてくれます。応答したいですね！

1.　この文章で大切だと思うことを見つけてください。
　　　ルツ4：9-17を読んでください。
2.　一番印象的な聖書箇所はどこですか？　なぜですか？
3.　このレッスンから何を適用したいですか？　具体的に！

祈り

神様、ルツのように忠実に、あなたに従い続けることができますように。アーメン。

Ruth – Loyalty

45

アイスブレイクタイム！

1. 人の目が気になるタイプですか？　気にならないタイプですか？
2. 以前、どんな間違った価値観を持っていましたか？

 # どう思いますか？

肉的クリスチャン

　肉的クリスチャンとは、信じたけれど、この世の価値観、過去の傷や罪に、強く影響されている人のことを指します。例を挙げてみます。

①人の目を気にして、良くない比較をする

　輝いている人を見ると、まぶし過ぎると感じる。用いられている人を見ると、自分は駄目で、あの人みたいに賜物、才能、人気もないと否定的に考える。

②恵みで始まったけど、律法や肉で仕上げようとする

　デボーションや人を愛することは大切だ。でも継続できない。この局面を打開するために、律法と肉的な頑張りで仕上げようとします。しばらくすると、また同じ敗北が続き、敗北感と罪悪感でいっぱいのクリスチャン人生です。聖書的自己受容をしていないので、問題に必要以上に敏感に反応します。

ガラテヤ教会の律法主義者

　ガラテヤの教会には、パウロが教えた福音とは違う教えが入ってきました。救われるためには、異邦人も割礼を受けなければならないとする、ユダヤ主義に影響された律法主義でした。パウロは、この間違った教えを正す必要がありました。

　　1.　この文章で大切だと思うことを見つけてください。
　　　　ガラテヤ3：1-9を読んでください。
　　2.　一番印象的な聖書箇所はどこですか？　なぜですか？
　　3.　肉的なクリスチャンにならないために、どんな事ができますか？

バイブルタイム！

肉的なクリスチャンにならないために

①恵みに始まり、恵みによって強くなる

Ⅱテモテ2：1「ですから、私の子よ、キリスト・イエスにある恵みによって強くなりなさい。」

　決めたことができない、聖書に従うのが難しいと感じた時、肉的、律法的に頑張るのではなく、恵みに戻ることが大切です。こんな私でも赦し、愛し続けてくださる方がいるから、この恵みを前提にして悔い改め、再献身します。

②必要以上に人の目を気にしない、しかし神様の目を気にする

　日本人は、農耕民族として「和」を重んじる DNA を持っています。人を気遣うのは素晴らしいことですが、必要以上に人の目を気にするのは問題です。霊的なクリスチャンは、自分が神の作品であり、神様に受け入れられていることを心から知っています。その安心を土台として、人の目よりも神様の目を第一にします。

③真理によって聖められ続ける

　肉と罪の性質は、私たちにしみ込んでいます。ですから、日々肉と罪を十字架につけ、キリストに従う必要があります。歯磨きは一度して終わりではなく、継続が大切です。日々の神様との交わりであるデボーション、最低1週間に1回の礼拝を大切にしましょう。

　人々は、子ロバに乗ったイエス様を王様のように迎えました。しかし、自分たちの期待にそぐわないと「十字架にかけろ」と叫びました。人の目、評価がいかに変わりやすいかが、よく分かります。

1. この文章で大切だと思うことを見つけてください。
　　ヨハネ12：12-19、19：14-16を読んでください。
2. 一番印象的な聖書箇所はどこですか？　なぜですか？
3. このレッスンから何を適用したいですか？　具体的に！

祈り

神様、霊的なクリスチャンとして生きていけますように。アーメン。

Fleshly & Spiritual Christians

アイスブレイクタイム！

1. どんな時に、自分は自己中心だと思いますか？
2. なぜ人間関係で問題が起こると思いますか？

 # どう思いますか？

人間関係が複雑な理由

職場、学校、教会、家庭など、どこにでも存在するのが人間関係です。しかし、人間関係は簡単ではありません。教会に来れば、または結婚すれば、すべてがバラ色になると考える人もいますが、それは間違いです。人間関係が複雑な理由を見てみましょう。

①罪人の集まり：人間は、生まれながらにして自己中心で罪人です。ほとんどの人が、集合写真を撮ったら、まず最初に見るのは自分です。このように自己中心な罪人が集まれば、自然と問題が起こります。

②核家族化：ひと昔前まで、数世代が同居して、大家族で生活していました。家族は人間関係を学ぶ最高の場所ですが、核家族化や家庭崩壊も増大し、人と人とのつながりも希薄になってきています。

③ IT の進化：現代のスマートフォン、インターネットの進化は革新的です。しかしそれに伴い、「現実社会でのコミュニケーションは苦手」という人が急増しています。

神様の計画

私たち一人ひとりが出会ったのは偶然ではなく、神様が計画をもって、出会わせてくださいました。自分以上の神様の愛を受けて、隣人を愛することを学びましょう。

1. この文章で大切だと思うことを見つけてください。
   Ⅰヨハネ４：7-21 を読んでください。
2. 一番印象的な聖書箇所はどこですか？　なぜですか？
3. 人間関係でうまくいった経験を話してください。

問題の解決策

人間が集まり、親しくなると、問題が起こります。いくつかの典型的なパターンを見て、どうしたらいいかを学びましょう。

①逃げる

ある人は、問題が起こると、直面せずに逃げ出します。一見すると、この方法が一番簡単な解決策だと感じるかもしれませんが、これは解決策ではありません。このような人は、苦手な人や場所を作りやすい傾向があります。状況を変えるのは簡単ですが、大切なのは自分が変わることです。

②仮面をかぶる

問題に直面するのを恐れて、本音を言わずに仮面をかぶります。または自分が黙って耐えることが愛だと誤解をして、耐え続けます。耐えられなくなって一気に爆発したり、急にいなくなってしまうケースがあります。

③愛をもって話し合う

どこにも完璧な上司、部下はいません。最初から完璧なチームもありません。良いチームは何度も一緒に山や坂を上り、成長します。愛、忍耐、知恵、祈りをもってコミュニケーションしましょう。また長所に目をとめて赦し合い、励まし合いましょう。マタイ18章の法則は、私たちがどのように生活すればいいかを、実践的に教えています。

Ⅰヨハネ4:11「**愛する者たち。神がこれほどまでに私たちを愛してくださったのなら、私たちもまた、互いに愛し合うべきです。**」

1. この文章で大切だと思うことを見つけてください。
   マタイ18：15-17を読んでください。
2. 一番印象的な聖書箇所はどこですか？　なぜですか？
3. このレッスンから何を適用したいですか？　具体的に！

祈り

神様、あなたの愛を受けて隣人を愛します。アーメン。

アイスブレイクタイム！

1. あなたの父母について話してください。
2. 父と母に感謝の思いを持つことは、なぜ大切だと思いますか？

 どう思いますか？

生んでくれてありがとう

母の日や父の日に、いい思い出だけではなく、悲しい、苦しい感情を持つ人もいるかもしれません。それでも私たちは「生んでくれてありがとう」と感謝できます。厚生労働省の人口問題研究所によると、日本の2018年の出生数は92万人弱で、中絶数は16万人強です(6)。出生数に対して、驚くほど中絶数が多いです。これは届けられている中絶数なので、実数はもっと多くなります。

この数字を見ても「生むことを選んでくれてありがとう。だから私が存在します」と言えます。

父と母を敬う

出エジプト記20：12「**父と母を敬いなさい。そうすれば、主である神が与えてくださる地で、幸福な生活をすることができる。**」（現代訳）

聖書は、こう教えています。お父さん、お母さんが素晴らしいからではなく、主の主権をもってあなたに与えられた両親ですから、感謝し、敬い、尊敬しなさいと聖書が教えています。聖書は、あなたが幸せになる方法を教えているのです。

エペソ人への手紙でパウロは、いろいろな関係について教えています。夫婦の関係、奴隷と主人の関係、キリストと教会の関係、そして親と子の関係についても教えています。

1. この文章で大切だと思うことを見つけてください。
   エペソ6：1-9を読んでください。
2. 一番印象的な聖書箇所はどこですか？　なぜですか？
3. 父母、またその役割をしてくれた人に、どのように感謝を表すことができますか？

いろいろな関係を理解する

箴言 23：25「あなたの父と母を喜ばせ、あなたを産んだ人を楽しませよ。」

　私たちが持つ一番大切な関係は、神様との関係です。そして次に、両親との関係が大切です。親に対して怒りや裁きを持っていると、その怒りや裁きが土台となってしまい、自分を受け入れることができなかったり、環境に怒ったり、職場での人間関係が問題になったりしてしまうことがあります。

　どうしたらいいでしょうか？　まず神様と関係を築き、自分自身が神様の作品であることを認めます。そして嫌な思いがあったとしても、両親を尊敬することです。主の主権で与えられた両親です。自分の感情や比較によるのではなく、聖書に従うことを選択してください。そうすることにより、怒りや裁きの習慣が少なくなり、他者との人間関係もスムーズになる助けとなります。

心のゴミを捨てる

　聖書は、怒り自体を罪だとは教えていません。しかし、怒り続けることは罪です。心のゴミとなります。ゴミのあるところに悪魔がやって来て、さまざまな悪影響を及ぼします。私たちは赦されるべきではないのに、イエス様の十字架によって赦されました。ですから怒りを捨て、赦し合い、親切にするのが良いと聖書は教えています。

1. この文章で大切だと思うことを見つけてください。
    エペソ 4：21-32 を読んでください。
2. 一番印象的な聖書箇所はどこですか？　なぜですか？
3. このレッスンから何を適用したいですか？　具体的に！

祈り

　神様、父と母を敬います。あなたに赦された者として、両親を、そして人々を愛します。私のすべての人間関係をお守りください。アーメン。

アイスブレイクタイム！

1. 初恋の思い出について話してください。
2. どうすれば恋愛がうまくいくと思いますか？

 どう思いますか？

恋愛に傷つく

　次郎君は彼女に振られて、円形脱毛症になりました。順子ちゃんは彼氏と別れ、拒食症になり、悲しいぐらい細くなりました。このようなことが起こると、個人が深く傷つくだけではなく、周りも、教会も傷ついてしまいます。

　神様は、あなたが間違った道を歩み、傷つくことを望んでいません。この世には、恋愛についての間違った情報があふれています。聖書から、クリスチャンの先輩の知恵から、恋愛について学びましょう。

恋のステップ

ステップ①　友達って素晴らしい

Ⅰテモテ５：２「**年配の女の人には母親に対するように、若い女の人には姉妹に対するように、真に純粋な心で勧めなさい。**」

　すぐに告白したり恋愛関係を持つのではなく、純粋な兄弟姉妹として交わりを持ち、その人が神様、家族、友達、異性、先輩、後輩とどのような関係を持っているか、また仕事の姿勢などを観察し、祈りつつ冷静な判断をしましょう。

ステップ②　熱い思いがきたら、主からの確信を求める

　恋愛の熱い思いがきたら、すぐに告白せず、よく祈り、考えましょう。
a) 自分自身が霊的、精神的、経済的に準備できているか？　　b) 祈って平安があるか？　　c) リーダーや牧師に相談する。

　　1.　この文章で大切だと思うことを見つけてください。
　　　　　Ⅰテモテ５：1-8を読んでください。
　　2.　一番印象的な聖書箇所はどこですか？　なぜですか？
　　3.　良い友達の時期を持つと、どんなメリットがありますか？

恋愛から結婚へ

ステップ③　一緒にお茶をする

　ステップ②までをクリアしたら、相手と何度かお茶をするのがいいかもしれません。もちろん、恋愛は一人でするものではありませんから、相手の反応も大切です。友達として話しながら、ビジョン、価値観などについて冷静に吟味します。

ステップ④　付き合い始める

　クリスチャンが付き合う目的は、結婚です。寂しいからデートする、クリスマスが近いから恋人を探す、などという浅い考えではありません。神様からの確信がないまま、ダラダラと付き合い続けることはお勧めしません。その理由は3つです。a) 誘惑が増える。b) 冷静な判断ができない。c) 時間が経つほど別れる時に傷つく。ある牧師は、4回デートしてその人と結婚する確信がないなら、友達に戻りましょうと言いました。一理あるかもしれません。

ステップ⑤　婚約、結婚へ

　祈りつつ、家族からのサポート、教会のサポートを受けて付き合い、主の確信があるなら婚約、結婚のステップに進みます。婚約は、2人が正式に結婚の準備をしていることを公表し、応援してもらうためです。そして結婚は、神様を信じることの次に大きな決断かもしれません。聖書的な結婚には、たくさんの祝福があります。

1.　この文章で大切だと思うことを見つけてください。
　　伝道者の書4：8-12を読んでください。
2.　一番印象的な聖書箇所はどこですか？　なぜですか？
3.　このレッスンから何を適用したいですか？　具体的に！

祈り

　神様、世の中に恋愛に関する間違った情報があふれています。それらのものに振り回されず、聖書からしっかり学べますように。そして愛する人とともに、あなたからの祝福をいっぱい受けることができますように。アーメン。

アイスブレイクタイム！

1. 男と女は、どんなところが違うと思いますか？
2. 幸せな結婚のために、どんな秘訣があると思いますか？

 どう思いますか？

コミットメント

アメリカでは 1/2 のカップルが、日本でも 1/3 のカップルが離婚します。離婚の原因の 1 つは、コミットメントの少なさです。コミットメントとは、自分の決めた決断に関して、変わらずに継続することです。

結婚式をあまり重要に考えない人がいますが、結婚式は非常に大切な誓いの時です。神様の前で誓い、自分を育ててくれた親、家族、友人、知人の前で誓います。さまざまな違いを受け入れ、慰め、健やかな時も、病める時も、富める時も、乏しい時も、命ある限り、あなたの相手を愛することを約束します。結婚は、フィーリングではなく決断です。結婚式での約束を土台として、夫婦は、人生の荒波を 2 人で乗り越えていきます。人間は、すぐにあきらめてしまったり、裁いたりします。だからこそ自分以上の愛を受け、与えていくことが大切です。

キリストの愛が見本

エペソ 5：25「**夫たちよ。キリストが教会を愛し、教会のためにご自分を献げられたように、あなたがたも妻を愛しなさい。**」

エペソ 5 章は、夫婦生活について教えています。キリストが、自分自身の命さえも犠牲にして教会を愛したように、夫は妻を愛し、妻は夫を尊敬することが大切です。キリストの愛を見本として、夫婦で歩んでいきましょう。

1. この文章で大切だと思うことを見つけてください。
    エペソ 5：21-33 を読んでください。
2. 一番印象的な聖書箇所はどこですか？　なぜですか？
3. 結婚生活で、苦しかったけれど、コミットしてよかった経験を話してください。

バイブルタイム！

受け入れ合う

罪人である人間は、結婚した相手を自分の理想どおりに変えようとします。しかし、結婚生活でこれをすると、衝突と多くの問題が起こってきます。今まで何十年とかかって作られた習慣や性格は、簡単には変わりません。まずお互いをそのまま受け入れ合うことが大切です。

結婚前のあなたのパートナーの嫌な癖や習慣が、10倍ぐらい悪化することを覚悟して結婚する必要があります。それでも愛し続ける、それが本当の愛です。

愛といえば楽しく、甘いイメージを持つかもしれません。しかし、聖書が教えている愛は、この世でイメージする愛とは大きく違います。愛とは「すべてを耐え、すべてを信じ、すべてを望み、すべてを忍びます」（Ⅰコリント13：7）。我慢し、耐え忍び、良いことを忍耐をもって待ち続けることです。

幸せな結婚の秘訣

Ⅰペテロ4:8**「何よりもまず、互いに熱心に愛し合いなさい。愛は多くの罪をおおうからです。」**

大切なことは、自分には愛がないということを認めることです。そして自分に愛がないなら、自分以上の方、神様のところへ行き、無条件の愛を受け続け、それを与え続けることです。ここに幸せな結婚の秘訣があります。

1. この文章で大切だと思うことを見つけてください。
    Ⅰコリント13：1-7を読んでください。
2. 一番印象的な聖書箇所はどこですか？　なぜですか？
3. このレッスンから何を適用したいですか？　具体的に！

祈り

神様、キリストの愛を見本として、夫婦であなたの愛のうちを歩んでいけますように。アーメン。

A Happy Marriage 1

アイスブレイクタイム！

1. 男女のコミュニケーションには、どんな違いがあると思いますか？
2. 結婚関係におけるセックスは、なぜ大切だと思いますか？

 ## どう思いますか？

セックス

箴言 5：18-19「**あなたの若いときからの妻と喜び楽しめ。愛らしい雌鹿、麗しいかもしか。彼女の乳房がいつもあなたを潤すように。あなたはいつも彼女の愛に酔うがよい。**」

　セックスは、結婚した夫婦関係においてのみ赦されたものであり、楽しみ、喜ぶことのできるプレゼントです。夫婦のセックスは、あってもなくてもどちらでもいいものではなく、結婚生活の重要な要素です。

男女の違い

　しかし、男女において性的特色の違いがあります。一般的に、男性は旅の目的地について考えますが、女性は旅の途中も楽しみたいのです。またセックスの頻度、スタイル、時間など、よくコミュニケーションをとり、受け入れ合う必要があります。自分の必要を中心にするの

ではなく、お互いが与えるということへのフォーカスが大切です。

　Ⅰコリント 7 章は、「夫は自分の妻に対して義務を果たし、同じように妻も自分の夫に対して義務を果たしなさい」と教えています。人間は、性の誘惑に強くありません。聖書は、「妻と夫はお互いに肉体の満足を満たし合うべきだ」と教えています。結婚の中では、妻の体は夫に属し、夫の体は妻に属しています。

1. この文章で大切だと思うことを見つけてください。
      Ⅰコリント 7：1-7 を読んでください。
2. 一番印象的な聖書箇所はどこですか？　なぜですか？
3. どうしたら夫婦で良い性関係を持てると思いますか？

A Happy Marriage 2

コミュニケーション

『男は火星人 女は金星人(7)』というタイトルの本があります。それほど男性と女性は違うということです。ある調査では、男性は1日に平均1万2千語話しますが、女性は何と倍の2万4千語話すそうです。これらの違いを放置しておくと、どんどんお互いに距離が開き、誤解が生じてしまいます。

夫婦間で、子育て、お金の使い方、性生活、仕事、時間の使い方、信仰生活、趣味、人生の目的などについて多くの対話を持ちましょう。

しっかりと聞く

ヤコブ 1:19「私の愛する兄弟たち、このことをわきまえていなさい。人はだれでも、聞くのに早く、語るのに遅く、怒るのに遅くありなさい。」

ヤコブ書は、しっかりと聞くことを教えています。神様は一つの口と、その倍の二つの耳を与えてくれました。夫婦間で、お互いに聞くことが大切です。またヤコブ書では、聞いたことを行動する大切さも教えています。

箴言 18:13「よく聞かないで返事をする者は、愚かであり、恥を見る。」

どのように話を聞くかが大切です。

①話をさえぎらないでよく聞く：聞かれることにより、相手は受容を感じます。会話はキャッチボールです。ボールを投げ続けないように注意しましょう。
②相手の立場になる。
③タテマエではなく、本音を知ろうとする。

1. この文章で大切だと思うことを見つけてください。
   ヤコブ1：19-27 を読んでください。
2. 一番印象的な聖書箇所はどこですか？　なぜですか？
3. このレッスンから何を適用したいですか？　具体的に！

祈り

神様、男女の違いを知り、しっかり対話できますように。アーメン。

ブリッジって知っている？
ちょっと説明してもいい？

ブリッジは、聖書の大切なポイントを説明しています。私たちはたまたま偶然サルから進化したのではなく、神様（創造主）が一人ひとり特別に、計画を持って造ってくれました。

しかし人間は、自己中心で、神様を無視して歩みます。
〈質問〉嘘をついたことがありますか？
完璧な神様にとっては、小さな嘘でも罪になります。罪により、人間と神様の間に隔たりができました。

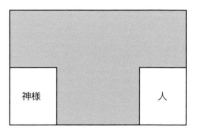

また、罪によって、人は死ぬようになりました。誰でも絶対に、寿命や事故などで死にます。肉体の死だけではなく、神様から永遠に離れる、霊的な死もあります。

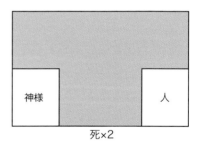

死×2

この罪と死があるがゆえに、人間は心にむなしさや迷いを感じ、それを仕事、家族、遊び、恋人などで埋めようとします。それ自体は悪いことではありませんが、本当に満たされることはできません。

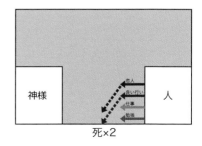

死×2

これでは人間があまりにもかわいそ
うなので、神様が、2000年前にイ
エス・キリストをこの世に送ってく
ださいました。図のように、神様と
人間をつなぐ橋渡し（ブリッジ）を
してくださいました。

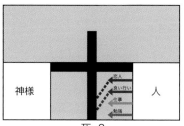

私たちがこのプレゼントを受け取
る、すなわち信じることで、神様と
関係を持つことができます。

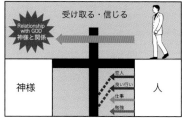

今まで、自分の考えや思いを中心に
して人生を歩んでいたかもしれませ
ん。しかし、神様、聖書の教えを中
心にして、それに従う歩みです。

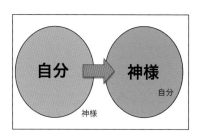

信じるためには、どうすればいいの
でしょうか？　口で告白します。
「神様、私の罪を赦してください。
あなたの十字架の愛と赦しを受け取
ります。私の心の中心に来てくださ
い。イエス・キリストの御名によっ
てお祈りします。」

説明が終わったら、二つの質問をし
ます。
①わからないことは？
一つひとつ、質問に答えていきます。
②あなたは今、右図①〜④のどこに
　いると思いますか？

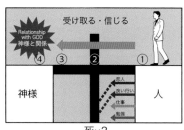

私は高価で尊い！

イザヤ43：4　わたしの目には、あなたは高価で尊い。わたしはあなたを愛している。

私は神様の傑作だ！

詩篇139：13-14　あなたこそ　私の内臓を造り　母の胎の内で私を組み立てられた方です。私は感謝します。あなたは私に奇しいことをなさって　恐ろしいほどです。

私は「天のお父ちゃん」と言える！

ローマ8：14-15　神の御霊に導かれる人はみな、神の子どもです。あなたがたは、人を再び恐怖に陥れる、奴隷の霊を受けたのではなく、子とする御霊を受けたのです。この御霊によって、私たちは「アバ、父」と叫びます。

私は神の子どもです！

ヨハネ1：12　しかし、この方を受け入れた人々、すなわち、その名を信じた人々には、神の子どもとなる特権をお与えになった。

私はイエス様の友達です！

ヨハネ15：15　わたしはもう、あなたがたをしもべとは呼びません。しもべなら主人が何をするのか知らないからです。わたしはあなたがたを友と呼びました。父から聞いたことをすべて、あなたがたには知らせたからです。

私は罪の赦しを得ている！

コロサイ1：13-14　御父は、私たちを暗闇の力から救い出して、愛する御子のご支配の中に移してくださいました。この御子にあって、私たちは、贖い、すなわち罪の赦しを得ているのです。

私は罪から、責めから自由です！

ローマ8：1　こういうわけで、今や、キリスト・イエスにある者が罪に定められることは決してありません。

私は、どんな状況でも大丈夫！

ローマ8：28　神を愛する人たち、すなわち、神のご計画にしたがって

召された人たちのためには、すべてのことがともに働いて益となること
を、私たちは知っています。

神様が私を仕上げてくれる！

ピリピ1：6　あなたがたの間で良い働きを始められた方は、キリスト・
イエスの日が来るまでにそれを完成させてくださると、私は確信してい
ます。

私の国籍は天国です！

ピリピ3：20　しかし、私たちの国籍は天にあります。そこから主イエ
ス・キリストが救い主として来られるのを、私たちは待ち望んでいます。

私は臆病者ではない！

Ⅱテモテ1：7　神は私たちに、臆病の霊ではなく、力と愛と慎みの霊を
与えてくださいました。

私は実を結ぶために選ばれた！

ヨハネ15：16　あなたがたがわたしを選んだのではなく、わたしがあな
たがたを選び、あなたがたを任命しました。それは、あなたがたが行っ
て実を結び、その実が残るようになるため、また、あなたがたがわたし
の名によって父に求めるものをすべて、父が与えてくださるようになる
ためです。

私は聖霊の神殿だ！

Ⅰコリント3：16　あなたがたは、自分が神の宮であり、神の御霊が自分
のうちに住んでおられることを知らないのですか。

私はキリストの大使だ！

Ⅱコリント5：20　こういうわけで、神が私たちを通して勧めておられる
のですから、私たちはキリストに代わる使節なのです。私たちはキリス
トに代わって願います。神と和解させていただきなさい。

私は神の作品です！

エペソ2：10　実に、私たちは神の作品であって、良い行いをするため
にキリスト・イエスにあって造られたのです。神は、私たちが良い行い
に歩むように、その良い行いをあらかじめ備えてくださいました。

ヨハネ3：16　神は、実に、そのひとり子をお与えになったほどに世を愛された。それは御子を信じる者が、一人として滅びることなく、永遠のいのちを持つためである。

マタイ22:37-39　イエスは彼に言われた。「『あなたは心を尽くし、いのちを尽くし、知性を尽くして、あなたの神、主を愛しなさい。』これが、重要な第一の戒めです。『あなたの隣人を自分自身のように愛しなさい』という第二の戒めも、それと同じように重要です。」

マタイ28:19 -20　「ですから、あなたがたは行って、あらゆる国の人々を弟子としなさい。父、子、聖霊の名において彼らにバプテスマを授け、わたしがあなたがたに命じておいた、すべてのことを守るように教えなさい。見よ。わたしは世の終わりまで、いつもあなたがたとともにいます。」

ローマ12：1　ですから、兄弟たち、私は神のあわれみによって、あなたがたに勧めます。あなたがたのからだを、神に喜ばれる、聖なる生きたささげ物として献げなさい。それこそ、あなたがたにふさわしい礼拝です。

ゼカリヤ4:6　彼は私にこう答えた。「これは、ゼルバベルへの主のことばだ。『権力によらず、能力によらず、わたしの霊によって』と万軍の主は言われる。」

詩篇103:2　わがたましいよ　主をほめたたえよ。主が良くしてくださったことを何一つ忘れるな。

詩篇118：24　これは主が設けられた日。この日を楽しみ喜ぼう。

哀歌3：22-23　実に、私たちは滅び失せなかった。主のあわれみが尽きないからだ。それは朝ごとに新しい。「あなたの真実は偉大です。」

ローマ12：19　愛する者たち、自分で復讐してはいけません。神の怒りにゆだねなさい。こう書かれているからです。「復讐はわたしのもの。わたしが報復する。」主はそう言われます。

引用出典

（1）refspace　パスカルの言葉

　　http://www.mgf-jc.com/kyou-no-kotoba-1

（2）ジョン・クゥアン『一生感謝 365 日』小牧者出版　2013 年　p.37

（3）ウィキペディア　聖書出版数

　　http://ja.wikipedia.org/wiki/ 聖書

（4）BEST SELLING BOOK OF NON-FICTION

　　https://www.bible.or.jp/soc/soc15.html

（5）ジョン・クゥアン『一生感謝 365 日』小牧者出版　2013 年　p.22

（6）国立社会保障・人口問題研究所

　　http://www.ipss.go.jp/syoushika/tohkei/Popular/Popular2020.
　　asp?chap=0

（7）ジョン・グレイ　遠藤由香里＋倉田真木訳『男は火星人 女は金星人』ソニーマ
　　ガジンズ出版　2003 年

特別な感謝

　この本は、チームワークによって出版されました。愛する超やんちゃな子ど
もたちを、忍耐をもって育て、教会で、家庭で、継続的に愛してくれる、私に
とっての世界で一番の妻に感謝します。J-House のメンバーがイエス様を愛
し、教会を愛し、献身的に仕えてくれるので、この本ができました。また、出
版編集を導いてくださったいのちのことば社、そして担当の山口暁生に心か
ら感謝します。

　何よりも私の人生に使命を与え、愛し続けてくださる神様に、最高の感謝と
栄光をささげます。この本が、少しでも大宣教命令の前進にお手伝いできたら
最高です。

〈著者紹介〉飯田克弥（いいだ・かつや）

　高校時代は熱血ラグビー少年、大学時代はどうしようもない遊び人。カナダ
の留学時にイエス・キリストに出会い、人生の大きな転機を迎える。アメリ
カの Fuller Theological Seminary より神学修士号と宣教学修士号を取得。
1999 年から J-House 大阪の開拓教会を始める。

　2013 年から J-House 神戸と京都の開拓教会もスタート。情熱的な牧師と
して、恋愛＆結婚カウンセラー、メッセンジャー、神学校教師として国内外で
用いられている。執筆した本は、『恋の教科書』『ライフブック』『ディサイプ
ルブック』。趣味は NBA 観戦、温泉、子どもと遊ぶことです。

聖書 新改訳2017©2017　新日本聖書刊行会

LIFEBOOK　人生を考える聖書のトピック50

2021 年 6 月 25 日発行

著　者　飯田克弥

発　行　いのちのことば社
　　　　〒164-0001 東京都中野区中野2-1-5
　　　　TEL03-5341-6920／FAX03-5341-6921
　　　　e-mail:support@wlpm.or.jp　http://www.wlpm.or.jp

新刊情報はこちら

©飯田克弥 2021　Printed in Japan　乱丁落丁はお取り替えします　ISBN978-4-264-04278-5